Hochmayr Wolfgang

Gemeiner **Hausverstand** und falscher **Egoismus**

novum pro

www.novumverlag.com

Bibliografische Information der Deutschen Nationalbibliothek:

Die Deutsche Nationalbibliothek verzeichnet diese Publikation in der Deutschen Nationalbibliografie. Detaillierte bibliografische Daten sind im Internet über http://www.d-nb.de abrufbar.

Alle Rechte der Verbreitung, auch durch Film, Funk und Fernsehen, fotomechanische Wiedergabe, Tonträger, elektronische Datenträger und auszugsweisen Nachdruck, sind vorbehalten.

© 2012 novum publishing gmbh

ISBN 978-3-99003-080-6
Lektorat: Sarah Schroepf
Umschlagfoto:
Icefront | Dreamstime.com
Umschlaggestaltung, Layout & Satz: novum publishing gmbh

Die vom Autor zur Verfügung gestellte Abbildung wurde in der bestmöglichen Qualität gedruckt.

Gedruckt in der Europäischen Union auf umweltfreundlichem, chlor- und säurefrei gebleichtem Papier.

www.novumverlag.com

VORWORT

„Gemeiner Hausverstand und falscher Egoismus", ein Titel, mit dem vielleicht einige von Ihnen nicht wirklich etwas anfangen können. Im Grunde ist es aber ganz einfach. Unter dem Ausdruck „Gemeiner Hausverstand" verbirgt sich das Wort „gemein", und damit ist nicht etwa böse, schlimm oder hinterhältig gemeint, sondern „gewöhnlich" bzw. der Hausverstand des „gemeinen Bürgers", bzw. besser gesagt, „gemeinen Pöbels", wie es früher in unseren Breiten so üblich war zu formulieren.

„Falscher Egoismus", das ist ein Phänomen, das heute leider allzu oft auftritt und wir unser Leben dadurch viel zu schwer machen. Aber dazu später mehr.

Ich möchte Ihnen in diesem Buch eine Sichtweise der Dinge zeigen, die Sie wahrscheinlich weder besessen haben noch darüber nachdachten, weil in unserer Gesellschaft mit der Masse zu schwimmen ja gang und gäbe ist, und solange wir „Brot und Spiele" haben, die Welt ja in Ordnung ist.

Doch ich möchte Ihnen unsere wunderbare Welt mal von einem anderen Standpunkt aus zeigen, einem Standpunkt, von dem aus nichts verschönert oder verschlimmert wird, ein Standpunkt, der weder Gut noch Böse kennt noch richtig oder falsch.

Sollten Sie zu den Menschen gehören, die alles glauben, was Leute mit Doktortiteln oder andere in der Öffentlichkeit stehende Personen bzw. Medien so von sich geben, und das alles toll und gut finden, dann sollten Sie aufpassen, wenn Sie dieses Buch lesen, denn es könnte Ihr Weltbild gravierend verändern und Sie könnten anfangen, die Dinge mit anderen Augen zu sehen, und beginnen, mehr aus sich und Ihrem Leben zu machen.

Wenn Sie jedoch ein Mensch sind, der sich durch den Titel dieses Buches angezogen gefühlt hat und generell für Neues offen ist, dann bin ich sehr zuversichtlich, Sie in Ihren Erwartungen bestätigen zu können, und dass für Sie dieses Buch wie eine Abenteuerreise in eine andere Welt sein wird.

> *„Wenn jemand ein Buch schreibt,*
> *soll er nur das aufschreiben, was er weiß.*
> *Mutmaßungen habe ich selbst genug."*
> Johann Wolfgang von Goethe

EINLEITUNG

Es ließe sich ohne Probleme mit den unten angeführten Kapiteln eine Regalwand füllen, jedoch ist dies als Einstieg in diese Themen nicht sehr zielführend.

Hier nun der Kapitelauszug

Vorwort 5

Einleitung 7

1. Kapitel
Der Klimawandel 9

2. Kapitel
Medien 16

3. Kapitel
High Society 23

4. Kapitel
Waffen 28

5. Kapitel
„Zu viele Köche verderben die Suppe" 34

6. Kapitel
Kriege 37

7. Kapitel
Vorurteile 43

8. Kapitel
Nationalstolz 48

9. Kapitel
„Vor der eigenen Haustüre kehren" 52

10. Kapitel
Charitys und Co. 57

11. Kapitel
Die Massen sind dumm – Brot und Spiele 61

12. Kapitel
Falsches Mitgefühl 66

13. Kapitel
Falscher Egoismus 69

14. Kapitel
Terrorismus 72

15. Kapitel
Falsche Bescheidenheit 80

16. Kapitel
Geldsorgen? 83

17. Kapitel
Politik 87

18. Kapitel
Wahnsinn oder Genie? 90

19. Kapitel
Götter? Ärzte, Banken und Co. 93

20. Kapitel
Die Frage nach dem „wer ist wer". 99

21. Kapitel
Liberalismus 104

Schlusswort 108

1. KAPITEL
Der Klimawandel

Ein Thema, von dem wir heute mindestens ein- bis zweimal am Tag etwas hören oder glauben festzustellen.

Dipl.-Phys. Alvo v. Alvensleben erklärt Klima in seinem Vortrag vor Old Table Freiburg am 21.2.2002 so:

„Klima ist ein Sammelbegriff für den mittleren Zustand des Wetters, gemittelt über etwa 30 Jahre. Elemente des Klimas sind Temperatur der Luft, Niederschlag, Luftfeuchtigkeit, Wind, Bewölkung, Nebel, Verdunstung und Strahlungshaushalt. Das Klima eines Ortes lässt sich nicht durch feste Werte der genannten Größen beschreiben, sondern durch eine Häufigkeitsverteilung, etwa nach Art einer Glockenkurve, die beschreibt, wie häufig Abweichungen einer bestimmten Größe vom Mittelwert auftreten."

Aber was ist eigentlich Klimawandel? Wer kann die Folgen des Klimawandels denn von uns, dem „gemeinen Pöbel", schon erklären? Können Sie es? Wenn ja, sind Sie sich Ihrer ganz sicher?

Wir sind also auf Aussagen von Leuten angewiesen, die im Fernsehen, Radio oder in Zeitschriften ihr „Wissen" bzw. Meinung zu diesem Thema preisgeben. Wir sehen Bilder von wegbrechenden Eismassen, von verwüsteten Gegenden, Berichte von Temperaturerhöhung und so weiter. Tag für Tag. Und haben Sie sich darüber schon mal wirklich Gedanken gemacht, wie Sie etwas dagegen tun können? Wollen Sie überhaupt etwas dagegen tun, oder sitzen Sie lieber auf dem Sofa und sehen sich diese Bilder, welche die Einschaltquoten der Fernsehstationen und die Auflagen der Zeitungen ins Unermessliche treiben, von dort aus an und sagen oder denken sich dann: „Jaja, des is' schlimm." Wie machen Sie es? Man vernimmt Wörter wie „Treibhauseffekt", „Emission" und so weiter. Doch ist Ihnen eigentlich einmal erklärt worden, was das eigentlich ist?

Denn wenn man einmal hergehen würde, diese ganzen Fachausdrücke in einem Lexikon nachschlägt und sich die Zeit nimmt, über einen längeren Zeitraum diese Berichte zu notieren, die Fakten heraussucht und sich mit der Materie „Klima" mal näher beschäftigt, wird man auf etwas kommen, was sehr interessant ist. Sie werden zwei Dinge erkennen. Erstens: Ja, der Klimawandel findet statt, aber das glaubten Sie bis jetzt ja schon zu wissen. Zweitens: Wir Menschen tragen dazu mit unserer Verbrennung von Kohle, Benzin und so weiter so gut wie nichts bei. Natürlich kann man das jetzt sehr relativ sehen und Kritiker werden das auch machen, aber man kann mit Sicherheit sagen, dass uns, wer auch immer, damit für sehr dumm verkaufen will, denn wir kaufen uns ja plötzlich viel teurere Energiesparlampen. Nicht falsch verstehen, Energie sparen ist toll, aber aus einem anderen Grund. Denn wie sollen Energiesparlampen dem Klima helfen, wenn der größte Teil des Stroms (in Österreich) aus Wasser oder alternativen Energiequellen kommt. Den Einzigen, denen das etwas hilft, sind die Produzenten von solchen Lampen und den Politikern, denn sie können sich mit ruhigem Gewissen zurücklehnen und sagen: Ja, ich habe etwas für den Klimaschutz bewirkt.

Sie haben doch sicher oft im Fernsehen gesehen oder im Radio gehört, dass dort oder da wieder mal ein verheerender Sturm gewütet hat und dieses Ereignis natürlich auf den Klimawandel zurückzuführen ist. Heutzutage brauchen wir immer für alles einen Schuldigen oder Verantwortlichen, denn wir Menschen sind nicht in der Lage, mal einfach was hinzunehmen, wie es ist, denn es ist ja viel bequemer, jemandem die Schuld zuzuschieben, anstatt die Verantwortung für sich oder sein Leben zu übernehmen.

Uns wurde in der Schule beigebracht, dass Wind durch Druckunterschiede erzeugt wird und er so lange anhält, bis der Druck wieder ausgeglichen ist. Druckunterschiede entstehen wiederum aus Temperaturunterschieden. Jetzt sollte man sich doch mal Folgendes fragen: Wenn sich das Klima weltweit erwärmt; warum sollen dann plötzlich Stürme wegen des Klimawandels zunehmen, wenn die Arktis wegen des Klimawandels schmilzt und somit der Temperaturunterschied zwischen den Tropen und den Polen kleiner wird. Wir sehen ja alle die Bilder im Fernsehen von wegbrechenden Eismassen, das ist doch wegen des Klimawandels! ODER? Wenn Sie mal einen Polarforscher zu diesem Thema fragen, wird er Ihnen versichern können, dass dieses Eisschmelzen und Wegbrechen zum natürlichen Zyklus der Pole gehört. Inwieweit also diese Bilder der Wahrheit entsprechen und wirklich dem „durch uns verursachten Klimawandel" zuzuordnen sind, lässt sich für uns, dem „gemeinen Pöbel", nicht herausfinden.

Aber kommen wir mal darauf zurück, ob wir den Klimawandel denn wirklich beeinflussen. Sie wissen doch sicher, dass CO2 was ganz, ganz Böses ist, denn es tötet ja unser Klima. Wirklich? Zunächst einmal könnten weder wir noch Flora und Fauna auf diesem Planeten ohne CO_2, oder auch Kohlendioxid genannt, überleben. Wir brauchen es zum Atmen, denn die Luft besteht nicht nur aus Sauerstoff, sondern auch aus Stickstoff und einer kleinen Menge an Kohlendioxid sowie Edelgasen und natürlich auch anderen Stoffen, die für uns nicht so gesund sind.

Die Pflanzen brauchen das Gas sogar ganz dringend, denn sie wandeln es mithilfe von Wasser und Sonnenlicht in Sauerstoff (O_2) und Glucose, also Zucker um. Würden wir also das CO_2 aus unserer Atmosphäre verbannen, wären wir bald alle tot bzw. ausgestorben. Ich denke nicht, dass Sie das wirklich möchten. Studien in Biosphären haben ergeben, dass bei einer Verdoppelung des CO_2-Gehalts in unserer Atmosphäre die Pflanzen eine Wachstumssteigerung von 10–80 % erreichen können.

Hier ein Auszug aus einem Artikel in der angesehenen amerikanischen

Wochenzeitung *Newsweek*: *„Es gibt bedrohliche Anzeichen, dass die Wetterverhältnisse der Erde begonnen haben, sich dramatisch zu verändern, und dass diese Änderungen auf eine drastische Abnahme der Nahrungsmittelerzeugung hindeuten – mit ernsten politischen Auswirkungen für praktisch jede Nation auf der Erde. [...] Die Anhaltspunk-*

te für diese Voraussagen haben sich nun so massiv angehäuft, dass Meteorologen Schwierigkeiten haben, damit Schritt zu halten. [...] Letztes Jahr im April, beim verheerendsten Ausbruch von Tornados, der je zu verzeichnen war, haben 148 Wirbelstürme mehr als 300 Menschen getötet und Schäden in Höhe von 500 Millionen Dollar in 13 US-Staaten angerichtet. Wissenschaftler sehen in diesen [...] Ereignissen die Vorboten eines dramatischen Wandels im
Wettergeschehen der Welt. Meteorologen sind sich nicht einig über Ursache und Ausmaß des Trends wie auch über seine spezifischen Auswirkungen auf lokale Wetterbedingungen." [...]. „Ein größerer Klimawechsel würde wirtschaftliche und soziale Anpassungen in weltweitem Maßstab erzwingen", warnt ein kürzlich erschienener Bericht der National Academy of Sciences (NAS) [...] „Unsere Kenntnisse der Mechanismen des Klimawechsels sind ebenso bruchstückhaft wie unsere Daten", räumt der Bericht der NAS ein. „Nicht nur sind die grundlegenden wissenschaftlichen Fragen größtenteils unbeantwortet, sondern in vielen Fällen wissen wir nicht einmal genug, um die entscheidenden Fragen zu stellen." [...] Und weiter: „Klimatologen sind pessimistisch, dass die politischen Führer irgendwelche positiven Maßnahmen ergreifen werden, um die Folgen des Klimawandels auszugleichen oder seine Auswirkungen zu verringern. [...] Je länger die Planer zögern, desto schwieriger werden sie es finden, mit den Folgen des klimatischen Wandels fertigzuwerden, wenn die Ergebnisse erst bittere Wirklichkeit geworden sind."

Das klingt alles ziemlich dramatisch und hochaktuell. – Wirklich?
Der Bericht erschien vor 27 Jahren, am 28. April 1975. Und er warnte vor den Folgen der in den letzten drei Jahrzehnten beobachteten globalen Abkühlung! – Zitat von Dipl.-Phys. Alvo v. Alvensleben.
Es würden sogar die Nahrungsmittelprobleme auf unserer Erde weniger, da Pflanzen viel bessere Erträge bringen können als bisher. Einen besseren Dünger als CO_2 gibt es nicht.
Ist ja alles recht und gut, werden Sie sagen, aber durch das CO_2 entsteht ja der Treibhauseffekt! Wirklich? Ich bin auf keine ein-

zige Studie, die eindeutig belegen kann, dass CO2 ein sogenanntes „Treibhauseffektgas" ist, gestoßen. Es gibt nur Statistiken, aus denen man das herauslesen kann, wenn man sie sehr biegt.

Dazu fällt mir folgendes Zitat ein:

> *„Ich glaube nur an Statistiken, die ich selbst gefälscht habe."*
> Sir Winston Churchill

Es stimmt auch, aus Statistiken kann man lesen, was man will, solange man die Parameter, nach denen diese erstellt wurden, beeinflussen kann.

Hier noch ein kurzer Auszug aus dem Vortrag von Dipl.-Phys. Alvo v. Alvensleben: „Seit 1979 kann man die Lufttemperatur von Satelliten aus messen und hat so erstmalig die Möglichkeit, die Temperatur der ganzen Erdatmosphäre, nicht nur die über den Kontinenten zu messen. Zur Messung benutzt wird die Emission von Sauerstoffmolekülen, die ein sehr genaues Thermometer darstellt. An den Messungen sind ständig mindestens 2 Satelliten (mit gewöhnlich 4 Jahren Lebensdauer) beteiligt, deren Ergebnisse untereinander verglichen werden. Die Messmethode erlaubt sogar, zwischen verschiedenen Höhenbereichen, nämlich der Troposphäre und der Stratosphäre, zu unterscheiden.

Die Messungen hatten ein Ergebnis, das für die Klimaerwärmungspropheten höchst überraschend war und entsprechend kritisch und sorgfältig analysiert wurde: Für die Zeit seit 1979 kann man die ‚globale Erwärmung' mit gutem Gewissen als ein Märchen bezeichnen. Die Satellitenmessungen stimmen untereinander auf 0,02 °C, mit Ballonsondenmessungen auf 0,03 °C überein, und sie zeigen nur einen minimalen Anstiegstrend (von 0,038 °C pro Jahrzehnt) seit 1979, also in der Zeit, in der der steilste Anstieg des CO2 in der Atmosphäre zu verzeichnen war."

Fakt ist, dass keine globale Erwärmung stattfindet. Ja, das Klima wandelt sich, aber nicht aus dem Grund, der uns tagtäglich erklärt wird. Man hat, um das Klima der Vergangenheit zu erforschen, tiefe Löcher in die Eisschicht von Grönland und der

Antarktis gebohrt. Aus ihnen konnte man das Klima der letzten 400.000 Jahre unseres Planeten lesen. Das Verhältnis von Sauerstoff-Isotopen gibt Aufschluss darüber, wie warm oder kalt es zu einer bestimmten Epoche war. Aus den Bohrkern-Untersuchungen weiß man, dass es in den letzten 420.000 Jahren vier kurze Warmzeiten von je etwa 10.000 Jahren Dauer und dazwischen etwa zehnmal so lange Kaltzeiten gegeben hat. Aber das Wichtigste, was diese Untersuchung zeigte, war, dass der CO2-Anstieg erst immer nach einer Erwärmung der Erde folgte, er kann also nicht der Grund sein.

Doch heute will man uns einreden, dass über 400.000 Jahre Erdgeschichte nicht mehr stimmen, sondern dass es heute so ist.

Ist ja auch klar, warum. Mann kann solche Späßchen wie „Klimasteuer" für Benzin, Diesel und Kerosin einführen oder große Autos, die ja viel CO2 produzieren, „strafbesteuern", denn man geht davon aus, dass diejenigen, welche ein großes Auto fahren, ja sowieso das Geld für die Mehrkosten haben. Und somit hat unsere Politik die Möglichkeit, wieder mehr Steuern zu verlangen, und das auch noch mit dem Wohlwollen des „gemeinen Pöbels", denn es ist ja für eine gute Sache. Außerdem ist die Klimaforschung zu einem riesigen Markt mit über 4 Mrd. Dollar jährlich geworden, den kann man doch nicht einfach wieder entfernen, da würden ja einige um ihr Geld fallen.

Abschließend möchte ich noch einen kleinen Vergleich anstellen, um den Beitrag der Menschheit an der Klimaerwärmung zu veranschaulichen: Stellen Sie sich vor, Sie stehen vor einem großen Haus, das lichterloh in Flammen steht. Das stellt den Klimawandel dar. Und jetzt werfen Sie Ihr bis an den Rand gefülltes Zippobenzin-Fläschchen hinein. Sehen Sie, was passiert? Nicht viel, oder? Und dann kommt auch noch jemand her und sagt: „So, jetzt musst du es bezahlen, denn wegen dir ist mein Haus jetzt abgebrannt."

Ist doch absurd, oder? Aber Tag für Tag glauben wir diesen Satz. Und wenn wieder einmal ein toller Redner, am besten mit vielen Titeln, sagt: „Wir sind schuld und wir müssen noch mehr

Steuern erheben, um den Klimawandel aufzuhalten", dann erinnern Sie sich vielleicht an diese Geschichte und glauben ihm nicht gleich alles, sondern machen Sie von Ihrem Hausverstand Gebrauch und hinterfragen die Geschichte erst mal.

2. KAPITEL
Medien

Wie Sie sicher im ersten Kapitel des Buches schon erkannt haben, teilen uns Medien oft Dinge mit, die nicht ganz so der Wahrheit bzw. einer objektiven Sichtweise entsprechen. An dieser Stelle möchte ich auf jenes Thema etwas näher eingehen. Wir wollen uns doch mal ansehen, was Medien so sind und vor allem, wem sie etwas bringen.

Welche Medien kennen Sie eigentlich? Die meisten Menschen in den westlichen Ländern haben täglich mit mindestens fünf verschiedenen zu tun, darunter: Fernsehen, Radio, Zeitung, Internet und diverse Plakate und Flugblätter.

Betrachten wir diese doch mal näher. Welchem Medium vertrauen Sie am meisten? Jetzt werden Sie sicher sagen: „Ja klar, Fernsehen, Zeitung, Radio und großen Plakaten, denn die müssen ja wissen, von was sie sprechen, im Gegensatz Internet und Flugblätter, da kann ja jeder was reinschreiben bzw. drucken." Aber genau das ist es, was Sie sich mal durch den Kopf gehen lassen sollten. Fernsehen, Radio und Zeitung können nur wenige Leute, Firmen oder Parteien beeinflussen, denn genau das ist es, was solche Medien gefährlich macht. Diese Unternehmen sind entweder in der Hand von einer Regierung, also staatlich, einer Firma, also sicher gewinnorientiert, oder „frei", also nur profitorientiert. Alle drei Varianten sind mit Vorsicht zu genießen, denn sie werden, ob sie wollen oder nicht, immer in eine Richtung beeinflusst.

Staatliche Medien sind natürlich daran interessiert, den Staat bzw. die Regierung gut dastehen zu lassen, sie haben immer die Möglichkeit, Sondersendungen oder Berichte zu bringen, um eine Information oder Desinformation bzw. die Meinung eines gewissen an den Mann zu bringen. Sie haben sicher schon oft gehört:

„Laut einer Umfrage möchten soundso viel % der Bürger des Landes X das und das. Ich bin mir sicher, Sie haben sich schon mindestens einmal gedacht, ja, aber ich nicht, denn ich denke ganz anders darüber. Sehen Sie, und genau das ist der Grund, warum Sie sicher nicht gefragt wurden. Denn wer bestimmt denn, wer zu den meist tausend Personen, die angeblich eine repräsentative Menge darstellen, gehört und dass es von Bundesland oder Bundesstaat zu dem nächsten gravierende Unterschiede gibt? Das interessiert da ja niemanden, denn die Umfrage kam zu diesem oder jenem Ergebnis und daher machen wir das jetzt so.

In diesem Zuge möchte ich an das Zitat von Sir Winston Churchill erinnern. Medien in der Hand von Firmen sind da noch am „durchschaubarsten", denn bei denen weiß man ja meist, was sie machen und in welche Richtung Spots oder Berichte gehen. Klar, ihr Produkt an den Mann zu bringen. Also kann man sich schon richten, um den Kern der Informationen herauszufiltern, neben den ganzen subtilen Botschaften zum Produktkauf. Das Problem dabei ist nur, dass sich unser Unterbewusstsein alles merkt und wir dann sehr wohl ganz subtil beeinflusst werden können, also überlegen Sie sich gut, was Sie sich ansehen. Die dritte Variante, die angeblich „frei" ist, ist die schlimmste. Hier erlebt man leider zu oft die Wiedergabe der Wirren des Geistes eines leitenden Managers oder ähnlichen. Hier wird nur geschaut, wie kann man so viele Zuseher, Hörer oder Leser mit allem möglichen oder unmöglichen Blödsinn in den Bann ziehen, um ihnen die Werbung der sehr gut zahlenden Unternehmen, Parteien und Co. regelrecht reinzupressen. Denn die Eigentümer wollen nur eines, Gewinn, wie, spielt hierbei eine, man möchte fast sagen, erbärmliche Rolle. Und was ist es denn, das wir uns im Fernsehen am liebsten ansehen, mal von Spielfilmen abgesehen, die ja noch am wenigsten unser Verlangen nach gewissen Produkten beeinflussen. Wobei man sagen muss, dass das in der letzten Zeit auch nicht mehr so ist wie früher, denn wie oft nutzten meist große Konzerne Spielfilme dazu, ihre Produkte zu publizieren, und zahlen oft horrende Summen dafür. Sei es, dass im Film einfach nur Produkte eines gewissen Herstellers vom Hauptdarsteller verwendet werden und wir somit mit der vorbildhaft subtilen Darstellung von Dingen, die wir unbedingt haben müssen, damit wir genauso cool sind wie der Schauspieler, konfrontiert werden, oder das Produkt so ganz beiläufig erwähnt oder gezeigt wird und wir uns dann freuen: Hey, die verwenden ja … Zum Glück ist das nur bei den großen Hollywood-Produktionen so und so können wir uns noch mit brauchbarem Gewissen, mal von den Filminhalten selbst abgesehen, den einen oder anderen Film ansehen.

Leider ist es in der heutigen Zeit aber immer mehr Mode geworden zu zappen. Dies hat vor allem auch die Werbung erkannt und viele Spots so gestaltet, dass, wenn Sie wieder mal durchzappen, bei diesen Spots mit größter Wahrscheinlichkeit kurz verweilen, um ihn sich doch anzusehen, denn wenn ein Spot im Durchschnitt ca. 5–15 sec dauert, Sie mal wieder so zwei Stunden vor dem Fernseher verbringen, nachdem Sie Ihrem Schatz gesagt haben: Ich schau nur mal kurz, ob es was im Fernsehen gibt, haben Sie sich, ohne es zu merken, 600–800 Spots oder andere subtile Werbebotschaften Ihrem Unterbewusstsein regelrecht reingepresst. Es gibt natürlich auch einige, die bleiben dann gerne am Shopping-Kanal hängen, denn da zeigen sie ja wirklich tolle Dinge, aber wir wissen ja natürlich, dass, wenn wir behaupten: „Ach, da bestell ich mir eh nichts, denn ich kenne ja die Tricks, wie sie uns das Zeug andrehen wollen", unser Unterbewusstsein die Infos speichert und wenn wir mal nicht genau aufpassen, im Kaufhaus sagen: „Hey, das hab ich doch schon mal gesehen, na ja, was soll es, probieren wir es doch mal aus." Mal ehrlich, Sie kennen solche Situationen doch bestimmt auch und wenn nicht, haben Sie einfach noch nicht genug gezappt.

Es gibt da aber noch etwas, was uns so beim Zappen unterkommen kann und bei dem wir nur allzu gerne bleiben, um es uns doch anzusehen, egal wie schlimm oder blödsinnig es ist, denn wir müssen doch wissen, was so in der Welt läuft. Müssen Sie das wirklich? Ändert es Ihr Leben zum Positiven, wenn Sie wissen und sehen, wie in Afrika Kinder hungern, wenn in Asien Menschen durch Flutkatastrophen sterben und obdachlos werden, wenn Sie sehen, wie in den USA dank sensationsgeilen Reportern, Sie es fast schmecken und riechen können, wie wieder mal jemandem bei einem Amoklauf das Gehirn im wahrsten Sinne des Wortes rausgeballert wird. Es ist etwas ganz anderes, darüber Bescheid zu wissen, als sich über solche Nachrichten zu ergötzen und noch Nachschlag zu verlangen, denn es kann ja nicht schlimm genug sein, oder? Denn die besten Nachrichten sind schlechte Nachrichten! Es ist leider so. Und wir machen ja auch noch brav mit, um noch mehr Elend, Gewalt, Morde, Kriege, Hunger und so weiter direkt im Wohnzimmer zu haben. Wenn Sie das alles wirklich brauchen, um sich besser zu fühlen, sollten Sie vielleicht darüber nachdenken, den Job zu wechseln, denn wenn Sie den Job hätten, der Ihnen wirklich Spaß macht, in dem Sie aufgehen, brauchen Sie solche Bilder nicht. Und keine Angst, Sie bekommen es auch so mit, was in der Welt geschieht und wie Sie den armen Menschen auch helfen können, ohne dass Sie sich diesen Schwachsinn Tag für Tag mehrere Stunden reinziehen.

Wenn Sie sich informieren möchten, was in der Welt so los ist, dann ist das Internet das Richtige für Sie, denn hier können Sie selbst bestimmen, von wem Sie etwas lesen, hören oder sehen. Ich weiß, das Internet gehört nicht zu den Medien, von dem die Leute sagen, dass alles der Wahrheit entspricht. Da gebe ich ihnen recht, denn im Internet kann jeder seine Meinung kundtun und seinen Standpunkt vertreten, aber genau diese Tatsache macht das Internet zu den genauesten, zuverlässigsten und am meisten wahrheitsgemäßen Medien, die wir haben. Eine Sendung lässt sich leicht kontrollieren, aber das Internet kann man nicht kontrollieren, nicht mal, wenn alle Regierungen der Welt an einem Strang ziehen würden. Es kommt nur drauf an, richtig zu suchen. Wenn Sie jetzt wieder hergehen und nur von einer Internetseite Ihre Informationen beziehen, haben Sie das gleiche Problem wie bei allen anderen Medien, dann können Sie gleich wieder fernsehen und sich die Nachrichten vor dem Hauptabendprogramm und der teuersten Werbezeit anschauen. Wollen Sie aber wirklich eine eigene Meinung haben, was allerdings die Voraussetzung für das Ganze ist und nicht wie früher unter dem Titel bekannt „Brot und Spiel" (bitte verzeihen Sie den Ausdruck), vergammeln und verblöden und zu einer Marionette von irgendjemandem zu werden, dann müssen Sie nur hergehen und einen Begriff in eine Suchmaschine eingeben – und schon haben Sie Hunderte oder Tausende, wenn nicht sogar Abertausende Treffer. Jetzt brauchen Sie nur herzugehen und sich die Seiten zu diesem Thema anzusehen, die Sie für seriös halten oder die ihnen zusagt, je mehr, desto besser, denn dadurch wird die Wahrscheinlichkeit immer größer, sich eine objektive Meinung über ein gewisses Thema bilden zu können. Sie werden jetzt sicher sagen: „Ja, aber das dauert ja so lange und da muss ich mir alles selber zusammensuchen." Das ist richtig, aber überlegen Sie mal, was Sie mit den Infos von den Nachrichten so anfangen können! Gar nichts, denn Sie können dann weder jemandem helfen, denn Sie haben ja weder Kontaktdaten oder sonst was, noch hilft es demjenigen, wenn Sie vor der Glotze sitzen und „Ma, is des schlimm" vor sich hinmurmeln. Im Internet finden Sie mehr als genug Kontaktinfos und auch sonstiges Material, mit dem Sie sich entweder eine Meinung bilden können oder etwas anderes anfangen. Aber Ihr falsches Mitgefühl hilft niemandem. Zu diesem Thema komme ich später im Buch noch zurück.

Zeitungen sind zur Informationsbildung wesentlich besser, solange Ihre Zeitungsschmökerei nicht ausschließlich den Sinn verfolgt, das nackte Mädchen auf Seite 6 oder 7 und die diversen Anzeigen am Schluss zu lesen. Überhaupt sind solche Blätter für eine objektive Meinungsbildung nicht geeignet, da sie in ihren Artikeln fast immer übertreiben und meist die Meinung der Zeitung oder der Redaktion mit einfließen lassen. Ich empfehle Ihnen Zeitungen, die seriös sind, also keine nackten Steinzeitmädchen oder so und keine diversen Anzeigen aufweisen. Diese sind zwar nicht so spannend zu lesen, da man die ganzen farbigen Metaphern weggelassen hat und somit leider auch meist der Realität entspricht.

Hier können Sie sich wirklich ein Bild über Ereignisse und Themen machen, wobei es natürlich auch wieder besser ist, sich 2–3 solcher Zeitungen zu gewissen Ereignissen anzusehen, denn es ist ja ganz menschlich, in Artikeln immer wieder mal eine etwas dem Verfasser zutunliche Sichtweise der Dinge einzubringen.

Wenn Ihnen das aber zu viel ist, sollten Sie sich vielleicht überlegen, ob es nicht besser ist, auf diese von Ihnen bewusste Beeinflussung Ihres Unterbewusstseins zu verzichten, Sie werden sehen, Sie kriegen immer noch genug von der Welt mit, auch wenn Sie mal Ihre Zapperei oder Klatschzeitschrift lassen.

Denn sobald Sie Ihren Fuß vor die Haustüre setzen, werden Sie feststellen, oder auch nicht mehr, wenn Sie in einer Stadt leben, dass Sie quasi von Werbetafeln, Plakaten und Flyern regelrecht zugetextet werden. Hierbei geht es auch meist wieder um Politik oder Produkte, die Firmen an den Mann bringen möchten und so versuchen, Ihre Aufmerksamkeit auf sich zu ziehen. Und plötzlich kommt jemand mit einem einfachen Flugblatt daher und Sie denken sich: „Was ist das denn für ein Sch…", oder ist es nicht so? Die wenigsten lesen sich Flyer oder Flugblätter durch. Es geht nicht immer um eine Party in einer Disco oder so, Sie glauben gar nicht, wie viel tolle Veranstaltungen oder andere interessante Dinge so auf Flyern stehen. Aber bitte nehmen Sie sich wenigstens die Zeit, sich das Ding mal von vorne bis hinten durchzulesen, bevor Sie es einfach auf den Boden schmeißen, denn es hat sich extra jemand Zeit genommen, um Ihnen einen solchen Flyer zukommen zu lassen. Dabei meine ich natürlich die, die sie von jemandem in die Hand bekommen, und nicht die, die einfach als Infomail per Post kommen, aber auch dort wird man des Öfteren fündig.

Es liegt alleine an Ihnen, sich darüber Gedanken zu machen, ob Sie eine Meinung haben möchten oder nicht und ob Sie weiter in dieser Informationsflut, die so oberflächlich ist, dass Sie meist nichts damit anfangen können, ertrinken wollen oder nicht.

Egal für was Sie sich entscheiden, versuchen Sie diese ganzen Umschreibungen mal wegzulassen und die Dinge, die Sie betrachten, in Ihrem Kopf zumindest etwas zu filtern und objektiver zu sehen.

Denn was heißt eine Schlagzeile bzw. ein Kopf wie nachfolgend denn schon: „Junger Mann ertrank qualvoll im See". Dass ein Mann ertrunken ist. Nicht mehr und nicht weniger. Ob es qualvoll war, kann, denke ich, nur er selbst beantworten, was ja nicht mehr geht, und jung ist ein sehr relativer Begriff, mit dem man nichts anfangen kann. Um eine aussagekräftige Info zu erhalten, braucht man die fünf Ws, nämlich wer, wann, was, wie und wo. Oberflächliche Beschreibungen wie „im See" sind untauglich, denn das kann auf der ganzen Welt sein; „in Europa, Nord- oder Südamerika, Asien, Afrika oder Australien". Klar wird das Ganze dann im Text weiter erklärt, sagen Sie. Ja, das wird es, auch aber wie, ist die Frage. Es werden Wörter wie: arm, quälend, qualvoll, grausam, entsetzlich, verheerende und so weiter verwendet, um die Leser in den Bann zu ziehen und ein: „Ma schlimm", zu entlocken, aber mit objektiver Berichterstattung hat das wenig zu tun, gleich wie die Aussage: „Nach unbestätigten Quellen zu … ist das und das." Wirklich, wenn ich sage: „Hey, unbestätigten Quellen zufolge lebt Elvis in einem Wohnwagen 20 km vor Los Angeles", dann ist das genauso wahr wie die Aussagen der Medien, wenn sie diesen Satz benutzen. Dieser Satz erlaubt Reportern, fast alles zu verbreiten, was sie möchten. Denken Sie daran, sollten Sie das wieder mal hören. Oder jemand geht von etwas aus, das ist alles recht und schön, aber heißt noch lange nicht, dass etwas so ist.

Zum Schluss dieses Kapitels möchte ich Ihnen noch sagen, dass Sie selbst entscheiden sollen, was Sie sich ansehen, hören oder lesen, aber glauben Sie nicht alles, was Sie als Infos so bekommen, und fragen Sie sich immer, was es Ihnen oder den Opfern bringt, dass Sie sich das jetzt ansehen.

Medien haben in unserer Gesellschaft auch viele gute Dinge bewirkt, aber sie können beeinflussen und sind auch sehr manipulativ.

3. KAPITEL
High Society

High Society, so nennt sich heute die Gesellschaft, welche wir in den Medien bei Partys, Bällen, Eröffnungen, Filmen, politischen Treffen und so weiter zu sehen bekommen und die in der Regel entweder über genügend Geld oder Macht verfügen, sodass sie die Medien „interessant" finden, um uns gemeinen Bürgern die „gehobene Klasse der Menschheit" zu präsentieren. Man könnte sie natürlich auch die Möchtegern-Adeligen der Neuzeit nennen, was auch bei vielen zutreffend ist. Aber nicht alle fallen in das Klischee der High Society, obwohl wir sie von dort vielleicht auch kennen. Denn es gibt sie wirklich noch, die, ich nenne sie mal „wahre Oberschicht". Aber damit meine ich nicht diese nur auf Glanz und Glamour, Geld, Partys oder sogenannte „Schickimickis" ausgerichteten Persönlichkeiten, über die Sie so viel in den Klatsch- und Tratschzeitschriften nachlesen können, sondern diejenigen, die sich ihres Standes aufgrund von Geld, Macht, Bildung oder auch Taten bewusst sind und zum Wohle der Gesellschaft beitragen und damit meine ich nicht unbedingt zum Wohle ihrer Brieftasche. Denn manchmal müssen diese Herrschaften zum Wohle der Menschheit nach unseren Maßstäben falsche Dinge tun, um uns wachsen und lernen zu lassen. Nur wir betrachten ja Gut und Böse einzig von einem immer momentan ausgerichteten Standpunkt aus und erkennen leider selten die weiter reichenden Folgen oder die wahren Intentionen einer Handlung. Viele Menschen heutzutage streben im Geiste danach, auch zu solchen Partys eingeladen zu werden, auch über so viel Geld zu verfügen oder Macht zu haben, all das zu tun, was man möchte. Gehören Sie auch dazu? Was wollen Sie denn tun mit diesen Dingen? Wem würden Sie dienen? Sich oder der Menschheit? Möchten Sie wirklich so enden wie so viele, von denen man in den Medien hört, wie zum Beispiel an einer Überdosis zu sterben, weil man nicht mehr mit seinem Leben klarkommt oder einfach nicht mehr weiß, wohin mit der Kohle, sich schon zum sechsten oder siebten Mal scheiden zu lassen, weil Lebensabschnittspartner ja heutzutage in sind und man ja Trendsetter sein will und, von dem abgesehen, man wieder mal in den Medien ist, mal wieder ein Kind, das noch eine Familie gehabt hätte, aus einem weit entfernten Land zu adoptieren, um sich wieder mal toll in Szene zu setzen und die Medien auf sich aufmerksam zu machen und dabei die im eigenen Land Hilfsbedürftigen links liegen zu lassen, da diese Handlung ja nicht so viel Interesse auf sich zieht. Wollen Sie das wirklich? Wenn Sie an dieser Stelle Ja sagen, dann wünsche ich Ihnen viel Glück und Erfolg im Leben und bitte Sie, das Buch, das Sie gerade in der Hand halten, aufhören weiterzulesen.

Diese Menschen haben eindeutig die Möglichkeiten eines solchen Standes verkannt und fast nur zum eigenen Vorteil verwendet. Jetzt werden Sie sicher sagen, aber ich kenne da jemanden, der ist auch so, aber der tut auch was Gutes, denn er spendet ja immer bei den „Charitys" so „viel". Dazu komme ich noch in einem anderen Kapitel. Ja klar gibt es immer auch Ausnahmen, aber ich meine hier die traurige Regel. Bei wem sie zutrifft, sollten Sie selber entscheiden. Ich maße mir das an dieser Stelle nicht an zu tun, denn das Recht, darüber zu urteilen, steht nur einem zu! Ich könnte dieses Kapitel natürlich an dieser Stelle massiv abkürzen, indem ich Ihnen eine Frage stelle und wenn Sie diese mit „Nein" beantworten können, brauchten Sie eigentlich dieses Kapitel nicht mehr weiterzulesen, aber ich möchte, dass Sie gut darüber nachdenken, zu welcher „Sorte" Sie denn gehören.

Nun gut. Wenn Sie nachdenken, fallen Ihnen sicher einige Leute ein, die Sie als „gemeiner Bürger" in die Kategorie „High Society" stecken würden, oder? Genau. Haben Sie sich schon mal über diese Menschen, mal abgesehen von den „Klatsch- und Tratsch-Blättern", diversen Promisendungen und so weiter informiert? Haben Sie sich schon mal über einen in der Öffentlichkeit stehenden Menschen erkundigt, im Internet recherchiert? Wahrscheinlich noch nie oder nur sehr selten. Das sollten Sie aber tun, denn an dieser Stelle möchte ich Sie an das letzte Kapitel erinnern. Wer sagt Ihnen, dass das alles so stimmt, wie das in Ihrem Lieblingsrevolverblatt oder Promisendung dargestellt wird. Urteilen Sie nicht vorschnell über einen Menschen, der in der Öffentlichkeit steht und von den Medien entweder im „Positiven" oder „Negativen", denn das ist ja alles relativ, zerfetzt wird, um die Einschaltquoten oder die Auflage der Zeitung zu erhöhen. Wenn Ihnen jemand wirklich sympathisch oder auch unsympathisch ist, dann empfehle ich Ihnen, sich über diesen Menschen zu erkundigen, recherchieren Sie im Internet über ihn, bringen Sie alles in Erfahrung, um sich ein Bild machen zu können, und geben Sie keine Urteile ab, denn Sie wissen nie, wie das alles so gelaufen ist und warum.

Die „High Society" wird heutzutage zu oft von Leuten gebildet, die in Wirklichkeit ein so schlechtes und geringes Selbstwertgefühl haben, dass man es eigentlich nicht glauben dürfte. Heutzutage bezeichnet man ja schnell jemanden als verrückt, doch in dieser Schicht gibt es maximal egozentrische Leute, aber nie verrückte, denn man präsentiert sich ja schließlich und hat auch Erfolg damit. Weiter möchte ich aber darauf nicht mehr eingehen, da dies Thema eines eigenen Kapitels ist (Wahnsinn oder Genie).

Die „wahre Oberschicht", die leider auch in diesen Topf geworfen wird, hat zwar auch meist Geld, fährt tolle Autos, hat Macht und so weiter, aber sie sind sich ihrer Verantwortung bewusst, sie sind in diese Stellung hineingewachsen und gehen in der Regel mit dieser Bürde verantwortungsbewusst sich gegenüber und der Menschheit um. Sie lassen ihre Umwelt auch teilhaben, indem sie einfach etwas von ihren Einnahmen spenden oder ihre Macht nützen, um Gutes zu tun.

Jetzt werden Sie sich vielleicht denken: „Je, wenn ich im Lotto gewinne, kann ich ja auch zu Reichtum kommen und brauche nicht hineinzuwachsen." Ja klar, dann haben Sie Geld, nur wie lange, ist die Frage. Eine Statistik, ich weiß, besagt, dass fast alle, die sehr schnell zu viel Reichtum gekommen sind, ihn genauso schnell wieder verloren oder alles in kurzer Zeit ausgegeben haben, weil sie es nicht gewohnt sind. Sie sind nicht hineingewachsen und können auch somit mit dieser Verantwortung nicht umgehen. Bei der High Society ist das meist dasselbe. Jemand wird durch irgendetwas sehr reich oder berühmt und nur kurze Zeit später ist er wieder unten, oder hat sich mit einer Überdosis umgebracht, oder heiratet gerade die achte Frau, oder denkt sich: „Jetzt ist mal ein Kind aus dem Land X dran, denn von dort habe ich noch keines." Das alles ist eine Flucht. Eine Flucht, sich der Verantwortung zu stellen und sich klarzumachen, dass man diesen Reichtum oder diese Macht und so weiter im Inneren annehmen muss und zu lernen hat, damit umzugehen. Wenn dies alle Leute der, ich nenne sie jetzt „gemeinen High Society" tun und schaffen würden, tja, dann wären viele Reporter und Paparazzi arbeitslos und die Revolverblätter hätten nicht mehr viel zu berichten. Da aber dies momentan nicht der Fall ist, sollten sie eher Mitgefühl mit solchen „Persönlichkeiten" haben, als sie zu „verherrlichen", denn ihr Leben ist meist sehr viel schwieriger und komplizierter als meines oder Ihres.

Um sich der Sache noch besser bewusst zu werden, recherchieren Sie doch mal über Ihren Lieblingsstar und über jemanden, den Sie überhaupt nicht leiden können. Natürlich sollten die beiden der „gemeinen High Society" angehören. Bringen Sie so viel wie möglich in Erfahrung über diese Leute, wie ihr Tag so abläuft, was sie gerne essen, was sie so arbeiten, wie ihre Beziehung so ist und so weiter.

Nun lehnen Sie sich zurück und stellen Sie sich vor, so ein Leben zu führen. Möchten Sie das? Oder sagen Sie, nein, schon allein die Tatsache, dass ich alles über diese Person herausfinden konnte, sogar wie er oder sie im Bett ist, da ja manche gerne nach einer Scheidung, wie es die Klatsch- und Tratschzeitschriften so gerne formulieren, aus dem Nähkästchen plaudern, reicht mir, denn ich möchte nicht, dass man das alles über mich in Erfahrung bringen kann.

Aber wenn Sie zur „gemeinen High Society" gehören wollen, dann müssen Sie das in Kauf nehmen, denn das ist es, was die „High Society" zur „High Society", die wir so oft in den Medien sehen, macht, nämlich dass wir fast rund um die Uhr wissen, wer was gerne trinkt, isst, welches Auto wer fährt, wer mit wem im Bett liegt und was er oder sie gerne dabei machen, wer mit wem im Clinch liegt und so weiter.

Nur unserer Sensationsgeilheit haben wir es zu verdanken, dass viele dieser Menschen von jedem auf der Welt kritisiert werden können, wie er sein Ei zum Frühstück isst, oder weil er oder sie länger als 4 min und 30 sec brauchen, um groß aufs Klo zu gehen.

Erst wenn das aufhört, werden wir mehr über die „wahre Oberschicht" hören, sehen und lesen, die wir uns als Vorbilder nehmen sollten um uns und der Menschheit besser dienen zu können. Aber zuerst müssen wir mal herausfinden, was wir überhaupt wollen und was wir mit unseren Leben anfangen möchten.

Es kann doch nicht wirklich befriedigend sein, sich die Leidensgeschichten der „gemeinen High Society" Tag für Tag „reinzuziehen".

Aber „The Show must go on". Oder?

4. KAPITEL
Waffen

Waffen, ein sehr umstrittenes Thema heutzutage, aber auch nur aus dem Grund, weil sich fast niemand mal die Zeit nimmt und sich mit der Thematik tatsächlich vorurteilsfrei beschäftigen will bzw. kann, da dies meistens nur Leute tun, die ein einschneidendes Erlebnis mit diesem Thema gehabt haben. Wie zum Beispiel eine Frau aus den USA, deren Mann sich mit einer Waffe erschossen hat und die Frau daraufhin den Hersteller jener Faustfeuerwaffe verklagte. Diese Handlung war nichts weiter als das Produkt eines tragischen Erlebnisses. Von Sinnhaftigkeit kann man hier auf gar keinen Fall sprechen, denn Sie verklagen ja auch nicht den Hersteller Ihres Autos, wenn Sie damit einen Unfall erleiden oder sich damit ein geliebter Mensch das Leben nimmt. Hier sollte uns eigentlich unser Hausverstand sagen, hey, was kann bitte diese tote Materie, die nichts von alleine macht, dafür, dass sich der- oder diejenige damit das Leben nimmt oder einen Unfall verursacht. Möchte man meinen, doch es gibt immer wieder Menschen, die glauben, wenn es diese Waffe genau der Firma X nicht gegeben hätte, dann würde die Person Y noch leben. Schwachsinn, denn dann hätte sie sich mit einer Waffe einer anderen Firma erschossen. Jetzt gibt es wieder Leute, auch Pazifisten genannt, die sagen, wenn es keine Waffen auf der Welt geben würde, wäre sie besser. An dieser Stelle sollten wir aber mal definieren, was eine Waffe ist.

Laut einer freien Enzyklopädie im Internet definiert sich Waffe folgendermaßen: *„Als Waffen werden in der Regel alle Mittel verstanden, die dazu geeignet sind, Lebewesen in ihrer Handlungsfähigkeit zu beeinträchtigen oder handlungsunfähig zu machen, physisch oder psychisch zu verletzen oder zu töten."*

Ist doch interessant, denn überlegen Sie sich mal, wie vielen Dingen im Alltag man die Bezeichnung „Waffe" geben kann. Wie etwa Ihrem Auto, das so ziemlich das ganze Spektrum abdecken kann, wie jemanden überfahren und damit töten, jemanden anfahren und damit verletzen oder jemanden fast überfahren und somit extremem psychischen Stress aussetzen und auch dadurch Folgeschäden verursachen. Oder in Ihrer Küche finden Sie massenweise „Waffen"; diverse Messer oder den Schnitzelklopfer, mit dem Sie jemandem den Schädel einschlagen können. Was man mit den Messern tun kann, liegt, denke ich, auf der Hand. Vielleicht besitzen Sie ja auch einen Eispickel, mit dem man, wie uns in einem Film klargemacht und auch demonstriert wird, auch verletzen und töten kann. Von elektrischen Messern mal ganz abgesehen, mit denen man ja schon eine halbe Stadt massakrieren könnte. Selbst an Orten, von denen Sie glauben, keine „Waffen zu haben", lässt sich etwas finden, das auf die Definition von „Waffen" zutrifft, wie zum Beispiel Ihr Badezimmer. Sie haben doch sicher einen Föhn? Wenn Sie den in eine volle Badewanne schmeißen, nachdem Sie ihn in Betrieb genommen haben und sich jemand darin befindet, haben Sie nichts anderes getan, als einen Gegenstand dafür benutzt, einen Menschen zu töten oder zu verletzen. Man könnte diese Aufzählung unendlich lange fortsetzen, denn sogar mit einem Zahlstock oder einer Suppe lässt sich Schaden an Lebewesen anrichten.

Das, was die meisten von uns als Waffe bezeichnen, ist nichts weiter als eine Ansammlung von Komponenten, die für einen bestimmten Zweck zusammengestellt wurden und kleine Metallprojektile mit Kohlegemisch ausstoßen durch Zünden eines Pulvers aus Kaliumnitrat, auch als Salpeter bekannt, Holzkohle und Schwefel in einem Verhältnis von 75/15/10. Also Schusswaffen.

Es gibt in der Natur weder Gut noch Böse. Alles hat seine Berechtigung und wird benötigt. Ein Beispiel: Wenn Sie in den Nachrichten hören: „Mann erschoss seine Frau", dann werden Sie sicher denken: „So ein …", oder? Und diese Tat als böse einstufen. Tja, leider haben Sie nicht weitergelesen, denn dann hätten Sie erfahren, dass der Mann deswegen seine Frau erschoss, weil sie ihn darum gebeten hatte, da sie wegen einer unheilbaren Krankheit nur mehr dahinvegetierte und die Ärzte ihr keine Sterbehilfe geben wollten, sondern nur noch die Qualen mit den Maschinen, an denen sie gehangen hat, verlängerten.

Würden Sie jetzt diese Tat immer noch als böse einstufen? Ich überlasse es Ihnen.

„Waffen" alleine, welche auch immer, sind niemals gefährlich und bringen auch niemanden um. Gefährlich und verantwortlich für jegliche Taten mit solchen Gegenständen sind nur ihre Benützer.

Jetzt denken sich sicher einige von Ihnen, ja, aber Waffen sind doch gefährlich, denn es kann sich ja ein Schuss lösen. Nein, es passiert bei toter Materie nichts, aber auch gar nichts, wenn nicht ein Lebewesen seinen Beitrag dazu geleistet hätte. Überall passieren Unfälle aufgrund von Unachtsamkeit. In westlichen Ländern kommen wesentlich mehr Menschen wegen Unachtsamkeit im Straßenverkehr, Drogen und so weiter ums Leben als durch Schusswaffen. Und wenn ein Gangster sein Opfer nicht erschossen hätte, dann hätte er es wahrscheinlich erwürgt oder erschlagen. Was wollen Sie tun, ihm vielleicht seine Hände verbieten? Wir müssen endlich aufhören, Dingen die Schuld für irgendetwas zuzuschieben. Materie kann nie schuld für menschliches Versagen oder Fehlhandlungen sein. „Waffen" erschießen niemanden von alleine, oder laden sich selber, sodass sich auch nur irgendwie ein Schuss „lösen" könnte. Eine sehr tolle Formulierung, wenn mal wieder keiner die Schuld haben möchte oder die Verantwortung übernehmen will. Dann sagen wir wieder mal: „Jaja, die böse Waffe war es." In meinem geliebten Heimatland geht man sogar so weit und verbietet gewisse Waffen, weil sich halt einige damit selbst oder andere erschossen haben. Bei uns kann man mit achtzehn Jahren Langwaffen, also Waffen über 80 cm lang, gegen Vorlage einer Berechtigung erwerben. Sie könnten sich also eine doppelläufige Schrotflinte kaufen. Sie können sich auch eine halbautomatische Schrotflinte kaufen. Also eine Flinte, mit der Sie in schneller Folge, ohne selbst nachladen zu müssen, mehrere Schüsse abgeben können. Aber so eine Flinte, mit der man nach jedem Schuss repetieren muss, indem man einen unterlaufmontierten Schlitten nach vor und zurück zieht, ist verboten worden. Über die Sinnhaftigkeit lässt sich hier, denke ich, nicht streiten. Und wenn Sie glauben, dass, wenn man Waffen verbietet, sich die Zahl Toten durch diese oder die Kriminalität senken, dann liegen Sie leider falsch. In England hat man Schusswaffen für Privatbürger verboten mit dem Resultat, dass der Schusswaffengebrauch in der Kriminalität explodiert ist, weil jeder Gangster davon ausgehen kann, dass sich eh niemand mehr mit Waffen verteidigen kann, und somit freie Bahn hat. Denn wenn man eine Waffe will, bekommt man sie auch. In den USA ist man sogar so weit gegangen, in einem Bundesstaat das verdeckte Tragen von Waffen generell zu erlauben – und was ist dadurch passiert? Es traut sich fast keiner mehr, einen Menschen zu bedrohen oder zu überfallen, weil er damit rechnen muss, gleich angeschossen oder gar erschossen zu werden. In einem anderen Bundesstaat ist es jedem Hausbesitzer erlaubt, Personen nach nicht erfüllter Aufforderung, sein Grundstück zu verlassen, und der Abgabe eines Warnschusses, auf den „Eindringling" zu schießen. Was glauben Sie, wie viele Einbrüche, Besitzstörungen und Hausfriedensbrüche es noch gibt? In der Schweiz hat sogar jeder wehrfähige Bürger ein vollautomatisches Sturmgewehr samt Munition bei sich zu Hause! Aber komischerweise erschießen sich die Leute in der Schweiz auch nicht mehr als sonst wo auf der Welt. Ich denke, wir müssen an dieser Stelle einsehen, dass ein Verbot oder eine einseitige Beschränkung von Waffen nicht zum Ziel führt, unsere Welt sicher zu machen. „Und was ist mit den Kriegen?", werden Sie jetzt sagen. Diesem Thema habe ich ein eigenes Kapitel gewidmet und möchte an dieser Stelle nicht näher darauf eingehen.

Pazifisten träumen davon, jeglichen Waffenbesitz zu verbieten, in der Hoffnung, dadurch Gewalttaten zu verhindern. Dies ist leider ein Irrtum, denn Gewalt ist ein soziales Problem, das es schon seit jeher gab, und kein waffenrechtliches. Gewaltbereite Menschen halten sich im Gegensatz zum „braven" Bürger nicht an Waffenverbote!

Geschichtlich betrachtet, sind wir unter anderem durch Hilfe und Weiterentwicklung von Waffen und Perfektionierung derer im Laufe der Epochen das geworden, was wir heute sind. Die Tradition der Jagd ist so alt, wie es die Menschheit gibt. Dementsprechend hoch war ihre Bedeutung für das Überleben. Erst seit den letzten Dekaden lebt unsere, ach so hoch entwickelte Gesellschaft in einer Scheinwelt des Wirtschaftswachstums, des Wohlstandes und persönlicher Sicherheit durch Abgabe der Überwachung und Gewalt zum Selbstschutz an den Staat. Immer mehr werden wir durch elektronische Hilfsmittel überwacht und kontrolliert und diese sollen unseren Frieden und unsere Sicherheit garantieren.

Die Realität deckt sich aber nicht mit dieser Vorstellung. Gewalt ist in unserer Gesellschaft allgegenwärtig! Man muss sich nur mal umschauen und die Augen aufmachen.

Zum Glück stellt heutzutage noch niemand das Recht auf Selbstverteidigung infrage, obwohl das auch schon den Anschein hat, denn stellen Sie sich mal folgende Situation vor: Jemand bedroht Sie mit einer Waffe und Sie haben das schnell erkannt und haben Ihre gezogen. So. Jetzt stehen Sie sich gegenüber und zielen aufeinander. Der Böse will Sie ausrauben, aber Sie möchten sich mit der Waffe wehren, da der Verbrecher damit gedroht hat, Sie zu erschießen. Es gibt doch tatsächlich Länder, in denen Sie sich erst zumindest anschießen lassen müssten, bevor Sie das Recht hätten, selbst abzudrücken!

Ist das logisch oder sinnvoll? Natürlich sollte Gewalt immer nur dann verwendet werden, wenn es nicht mehr anders geht, aber was sollten wir denn in einem solchen Szenario tun? – Sich tot stellen?

Es ist nicht einfach, für sich zu entscheiden, wie weit würde ich gehen, um meine Familie und mich selbst zu verteidigen, aber in einer Situation, wo es notwendig ist, das zu tun, was getan werden muss, um sich und seine Geliebten zu schützen, werden wir alle intuitiv das tun, was die Umstände verlangen, sei es auch die Anwendung von Gewalt. Waffen sind hierfür natürlich eine Möglichkeit, aber nur Sie entscheiden, ob Sie sie für etwas Gutes oder Böses verwenden.

5. KAPITEL
„Zu viele Köche verderben die Suppe"

Eine Redewendung, die Sie sicher schon einmal gehört haben. Aber haben Sie sich je Gedanken darüber gemacht, was sie eigentlich bedeutet?

Sie bedeutet, dass wenn mehr als ein Koch eine Suppe kocht, jene nicht mehr so schmeckt, wie sie laut den Aussagen der Köche schmecken sollte, oder die Genießer jener die Stirn über den Geschmack runzeln. Und umso mehr Köche sich der Suppe, auch wenn sie Haubenköche sein mögen, widmen, sie werden sie unweigerlich vermasseln, weil jeder Koch sein eigenes Rezept und einen anderen Geschmack hat.

Wir erleben tagtäglich Situationen, in denen wir dieses Sprichwort anwenden können, und leben im Allgemeinen in einer Gesellschaft, in der zu viele Köche am Werken sind, selbst wenn sie einzeln betrachtet kompetente und tolle „Gourmets" sind. Sie schaffen es doch immer wieder, die Suppe zu versalzen.

Es fängt schon frühmorgens an, wenn Sie aufstehen und Ihre Kinder Sie unabhängig voneinander fragen, ob sie nicht das eine oder andere haben könnten und Sie und Ihr Lebensgefährte etwas anderes sagen. Was, glauben Sie, kommt dabei dann heraus? Genau, ein Streit! Klar, das ist ja nur eine Kleinigkeit, aber sehen Sie sich mal die Politiker in Ihrem Land an, sofern es über eine Demokratie oder Ähnliches verfügt. Die eine Partei will das eine und die andere Partei das andere. So, was kommt am Ende heraus? Ein „Kompromiss", mit dem weder die eine Partei zufrieden ist noch die andere. Aber das eigentliche Dilemma an der ganzen Sache ist, Sie müssen die Suppe dann essen, egal ob sie Ihnen schmeckt oder nicht. Viel besser wäre doch, wenn mal der eine kocht und dann wieder der andere, so hätte man wenigstens manchmal eine Suppe, die einem auch wirklich schmeckt! Würden Sie das nicht auch bevorzugen, als immer nur versalzene Suppen zu essen? Nennen wir es doch mal beim Wort: Scheiße schmeckt immer nach Scheiße, selbst wenn Sie sie mit Sahne überhäufen!

Da wir nun mal frei denkende Lebewesen sind und jeder seine eigenen Wünsche hat, zum Glück, sonst wäre die Welt sehr eintönig, sehen wir uns oft gezwungen, Kompromisse einzugehen, die aber meist nicht notwendig sind. Jedoch das Problem bei der Sache ist, dass alle immer gleichzeitig sprechen oder handeln müssen. Warum warten Sie nicht einfach mal, bis Sie dran sind. Oft hat sich bis dahin schon die eine oder andere Situation zu Ihren Gunsten verändert. Wenn Sie Aufgaben zu verteilen haben, dann verteilen Sie sie auch und lassen Sie den Leuten, die etwas für Sie übernommen haben, auch Handlungsfreiheit, denn es ist doch im Großen und Ganzen egal, ob wer den Löffel im Suppentopf im Uhrzeigersinn dreht oder dagegen. Das Ergebnis ist dasselbe, die Suppe wird umgerührt. Oder glauben Sie, dass sich beim Spülen der Toilette in Europa die … besser entfernen lässt als in Australien, weil sich das Wasser in eine andere Richtung dreht?

Definieren Sie einfach so genau wie möglich, was Sie wollen; wenn Sie dann am Ende feststellen, dass das Ergebnis nicht dem entspricht, was Sie haben wollten, können Sie immer noch eingreifen und die Suppe nachwürzen, aber gehen Sie nicht her und fangen einfach an, zusätzlich Gewürze in die Suppe zu kippen, nur weil Sie der Meinung sind, dass das sicher noch nicht drinnen ist. Damit werden Sie sie sicher versauen! Und genauso ist es bei allen anderen Dingen in unserem Leben.

Wenn Sie sich zum Beispiel mit mehreren Leuten zusammentun, um etwas zustande zu bringen, einen Verein zu gründen und so weiter, dann müssen Sie jemanden bestimmen, der vorkocht und die einzelnen Aufgaben verteilt, sonst wird am Ende jeder einen Topf mit unterschiedlich schmeckender Suppe, die nicht mal fertig ist, vor sich haben, und keiner hat was davon. Wenn Sie aber zusammenhalten und den „Vorkocher" unterstützen und das tun, was Ihre Aufgabe ist, dann haben Sie am Ende einen Topf wohlschmeckender Suppe.

Im Sport ist es genau das Gleiche. Denn wenn eine Mannschaft nicht auf ihren Trainer hört und die gleiche Taktik verfolgt, dann werden sie sicher nie gewinnen, aber dafür hat jeder seine eigenen Gewürze in die Suppe geschmissen! Toll, oder?

Wenn Sie genau hinschauen, werden Sie feststellen, dass man oft schwierige Situationen meistern kann, wenn man einem das Kommando überträgt, oder glauben Sie, dass irgendeine Armee der Welt in irgendeiner Schlacht jemals Erfolg gehabt hätte, wenn jeder seinen Plan verfolgt hätte und irgendwelche Ziele angegriffen hätte. Nein, mit Sicherheit nicht. Deswegen ist das Militär die einzige Institution, die es schon Tausende Jahre geschafft hat, immer wieder selbst in schwierigen Situationen eine tolle Suppe zu zaubern. Welche Regierung dieser Welt könnte das von sich behaupten? Fast keine, denn da müssen ja immer Hunderte Köche gleichzeitig dasselbe machen! Selbst bei den exekutiven Einrichtungen weiß man, dass es ohne das klare Kommando eines Vorgesetzten nicht funktionieren kann, aber unsere Politik glaubt seit ewiger Zeit, dass sie alle gleichzeitig an einer Suppe kochen könnten, die dann noch nach was schmecken soll! Ich überlasse Ihnen die Entscheidung, ob Ihre Regierung oder Behörden gute oder schlechte Suppen kochen können.

Ihnen würde ich jedoch empfehlen, erst dann zu kochen, wenn Sie an der Reihe sind, sich aber dann auch von niemandem abbringen zu lassen, denn Sie sind zum Kochen dran!

6. KAPITEL
Kriege

Warum gibt es auf unserer Welt schon seit Menschengedenken Kriege? Das ist sicherlich eine Frage, über die man eine ganze Bücherwand voller Abhandlungen schreiben könnte. Keine Sorge, das ist nicht meine Absicht. Es gibt Leute, die sagen: „Krieg ist nichts weiter als Politik mit anderen Mitteln." Hier ein paar Zitate zum Thema Krieg:

„Man vergisst leicht, wo man die Friedenspfeife begraben hat, aber man weiß, wo das Beil liegt."
Mark Twain

„Stell dir vor, es ist Krieg und keiner geht hin."
Carl Sandburg

„Nur die Toten habe das Ende des Krieges gesehen."
Platon

„Wenn alle Kugeln träfen, möchte der Teufel Soldat sein."
Unbekannt

„Soldaten sind Männer, die offene Rechnungen der Politik mit ihrem Leben bezahlen."
Ron Kritzfeld

Wenn Sie all diese Zitate lesen, was denken Sie dabei? Dass Krieg überflüssig ist? Dass das alles nicht sein müsste? Dass keiner hingehen sollte?

Die Philosophen im alten Griechenland oder Rom haben sich mit diesen Fragen ihr ganzes Leben befasst und sind zu keinem wirklich guten Ergebnis gekommen, warum es Kriege gibt und auch in Zukunft in irgendeiner Art und Weise geben wird. Wenn man im Internet nach einer Definition für Krieg sucht, wird man unter anderem diese finden:

„Krieg ist ein unter Einsatz erheblicher Mittel mit Waffengewalt ausgetragener Konflikt, an dem mehrere Staaten oder planmäßig vorgehende bewaffnete, nichtstaatliche Kollektive beteiligt sind. Ein Krieg führt immer zum Tod zahlreicher Menschen und zu großem Leid.

Die Formen des Krieges sind vielfältig und nicht unbedingt an Staatssysteme gebunden: Er kann beispielsweise als Bürgerkrieg, Unabhängigkeitskrieg oder bewaffneter Konflikt auch innerhalb von Staaten stattfinden, zum Weltkrieg oder zum Völkermord führen."

Solche Definitionen finden wir viele, aber keine kann uns wirklich klarmachen, warum Kriege entstehen, wer sie beschließt und so weiter. Sehen Sie sich doch mal um. Es gibt weltweit circa hundert größere und kleinere Konflikte rund um den Globus. Klar handelt es sich hierbei um fast nur Zweite- und Dritte-Welt-Länder, werden Sie sagen. Aber Vorsicht, denn bei uns im „Westen" herrscht auch Krieg, zwar nicht solcher, wie es sich die meisten vorstellen, aber es herrscht Krieg und die Definition stimmt hierbei auch. Erhebliche Mittel = Aufwand für Terrorakte, Waffengewalt = Sprengsätze, Schusswaffen und Co., an dem Staaten oder Kollektive = Europa und USA gegen = Al Kaida und Co. Führt zum Tod zahlreicher Menschen und zu großem Leid = Anschläge in New York, London und so weiter, da gab es unzählige Tote und auch das Leid, aber ein neuer Aspekt ist dazugekommen, den man bei der Kriegsführung der vergangenen Jahrzehnte nicht in diesem Ausmaß hatte. Nämlich die Angst vor Subversiven, also im Untergrund operierenden Kräften, denn man weiß nie, ob man nicht beim nächsten Anschlag dabei sein könnte, unter den Toten oder Verletzten.

Ist diese Art von Krieg, nur weil wir nicht die Häufigkeit von Schlachten, also Anschlägen haben, wirklich besser für uns?

Wenn die Politik hergeht und uns unserer Freiheit immer weiter beraubt, damit wir „sicherer" leben können, ist das Freiheit und Sicherheit? Früher war das Leben als Soldat und Beschützer eines Landes viel einfacher, denn da hat man gewusst, von dort kommt der Feind, und wenn er da ist, soll ich zusehen, dass ich vor ihm schieße, um zu überleben. Doch wie ist es heute? Es fliegt mal wieder irgendwo etwas in die Luft und nie war ein Feind zu sehen. Das Einzige, was man hört, ist, dass sich die Terrororganisation X wieder mal zu den Anschlägen bekannt hat, um noch mehr Angst unter der Bevölkerung des betroffenen Gebietes zu schüren. Und wir machen genau das, was die wollen: unsere Freiheit einschränken und noch mehr kontrollieren. Das kann einem doch nicht das Gefühl von Sicherheit oder Freiheit geben, oder doch? Wie ist es mit Ihnen?

Ein Soldat hat die Verpflichtung, das Land und dessen Bevölkerung, zu deren Armee er gehört, mit seinem Leben zu verteidigen, aber wie kann er das tun, wenn er nur die Auswirkungen dieses Krieges zu spüren bekommt, aber nie einen Feind?

Die USA hat die Taktik „trage den Krieg zum Feind" gewählt. Es gibt zwei wirkungsvolle Mittel, etwas gegen solche Anschläge zu tun. Sie entweder ignorieren und ihnen so wenig Aufmerksamkeit wie möglich zu schenken, denn je mehr wir einer Sache Energie und Aufmerksamkeit zuführen, desto stärker wird sie. In unserem Falle bekommen die Terroristen genau das, was sie wollen. Oder dafür zu sorgen, dass es niemand auch nur mehr wagt, einen solchen Anschlag durchzuführen, indem man alle Ideale, für die derjenige kämpft, zerstört. Was aber in diesem Fall heißen würde, alle Staaten, die Terroristen unterstützen, deren Religion und so weiter zu vernichten. Ein Vorhaben, das wahrscheinlich einige sogar schon mal in Betracht gezogen haben, aber auf keinen Fall eine Lösung ist noch durchgeführt werden sollte und für keine Nation dieser Erde machbar ist. Außerdem wäre das Völkermord. Aber wenn wir so weitermachen und unsere Energie und unsere Aufmerksamkeit dem Krieg widmen, werden wir nur noch mehr davon bekommen.

Kriege wird es immer geben, solange die Menschen nicht einsehen wollen, dass einige Staaten dieser wundervollen Erde anders kochen und halt mal etwas mehr oder weniger Gewürze verwenden als sie. Wir müssen nicht immer hergehen und unsere westlichen Kochkünste in einem Buch zusammenfassen und es über die Welt verteilt als Pflichtlektüre an den Mann bringen. Die Franzosen drängen ihre Froschschenkel ja auch nicht den Amerikanern auf, oder die Amerikaner den Hotdog den Franzosen. Jedes Land sollte die Suppe kochen, die es mag, denn jeder hat die Freiheit, selbst zu entscheiden, wie er kochen will. Das sollte man zumindest meinen.

Freiheit, ein ach so hochgehaltenes Gut der westlichen Gesellschaft. Uns wird gesagt, dass unsere Armeen in den Zweite- und Dritte-Welt-Ländern den Frieden sichern sollen. Im Fernsehen und andern Medien hören und sehen wir, dass unser Beitrag zum Frieden in der Welt sehr groß ist. Das ist es auch bestimmt, doch wenn unser Beitrag zum Krieg nicht zigmal so groß wäre wie der zum Frieden, könnte in manchen Ländern der Erde gar kein Krieg mehr geführt werden, da sie sich mit den bloßen Fäusten schlagen müssten, weil sie keine Waffen und Munition mehr hätten, mit denen sie einen „respektablen" Krieg führen könnten.

Die USA, Großbritannien, Russland, Frankreich und China sind die größten rüstungsproduzierenden Länder und somit die größten Waffenlieferanten für Kriege auf der ganzen Welt. Außerdem sind sie die fünf ständigen Mitglieder im UN-Sicherheitsrat. Erahnen Sie schon, worauf das hinausläuft? Ich denke schon. Wenn diese Länder aufhören würden, in die Kriege dieser Erde Waffen zu liefern, würde ein Teil ihrer Wirtschaft zusammenbrechen und es ihnen somit schlechter gehen. Sie können gar nicht anders. Es ist ein ewiger Kreislauf von Angebot und Nachfrage. Und damit der Markt seinen Preis hält oder ein Gebiet nicht zu mächtig wird, brauchen die UN-Truppen, um die Gegend wieder zu stabilisieren, außerdem stehen diese Länder ja dann wieder toll da und vom Waffenhandel will eh keiner was hören, denn schließlich wollen wir ja, dass es unserer Wirtschaft gut geht. Oder nicht? Die UN ist eine tolle Einrichtung, die es in vielen Gebieten der Erde geschafft hat, Konfliktparteien zu trennen und auseinanderzuhalten. Jedoch hilft die ehrenhafteste Organisation nichts, wenn man sie immer bei der Erfüllung ihrer Aufgabe sabotiert, indem man den Konfliktparteien hintenrum noch mehr „Heizmaterial" gibt und somit die Friedenstruppen beim „Löschen" nicht mehr mitkommen.

Wie viele Kriege könnten beendet werden, wenn man den Krieg führenden Parteien einfach keine Waffen mehr liefern würde?

Aber selbst wenn es ein Land nicht mehr tun würde, kommen andere und treten an ihre Stelle, also warum damit aufhören.

Die früheren und auch heute noch vorherrschenden Zwistigkeiten zwischen Ost und West würden ein solches Vorhaben auf keinen Fall zulassen. Denn wer nachgibt, verliert. Was bleibt dann noch, um Kriege zu verhindern? Waffen zu verbieten sicher nicht, das haben wir ja schon im 5. Kapitel besprochen.

Ich bin leider auch nicht besser als die großen Philosophen des antiken Griechenlands und des alten Roms. Ich kann Ihnen auch nicht sagen, wie man einen Krieg beenden kann, aber eines kann ich Ihnen mit Sicherheit sagen:

Solange es Menschen gibt, die mit sich selbst nicht im Reinen sind und Schuld oder Gründe für Versagen in anderen suchen, wird es Kriege auf dieser Erde geben und Menschen müssen sterben.

Am besten kann man aber Kriege vorbeugen, indem man es nicht so weit kommen lässt, doch das würde auch bedeuten, dass wir uns unseren Wohlstand anders, als die meisten Staaten es heute tun, erarbeiten müssen. Wir müssten aufhören, Zweite- und Dritte-Welt-Länder regelrecht „auszuquetschen", um uns unsere Lebensart erhalten zu können. Wir müssen aufhören, Kriege zu führen, um dann zwei bis drei Cent pro Liter Benzin zu sparen.

Erst, wenn wir mit dem zufrieden sind, was wir haben, und aufhören, anderen etwas neidig zu sein, und die Verantwortung für uns selbst übernehmen und nicht die Schuld für irgendetwas in jemandem oder etwas suchen, werden wir aufhören können, Kriege zu führen.

Denn dann werden wir auch einsehen, dass wirklich genug für alle da ist. Die Märchen, es gäbe nicht genug für alle, sind doch nur erfunden, um uns an der kurzen Leine zu halten. Um solche Handlungen, die Millionen Menschen pro Jahr das Leben kosten, zu legitimieren.

Ob Sie es glauben oder nicht, auch Sie haben es in der Hand, Kriege zu vermeiden bzw. zu verhindern. Fangen Sie einfach damit an, die Verantwortung für sich selbst zu übernehmen und nicht irgendetwas oder irgendjemandem die Schuld für irgendetwas zu geben.

Kochen Sie lieber Ihre eigene Suppe und lassen Sie die der anderen die der anderen sein. Die schmeckt Ihnen sowieso nicht so gut wie Ihre.

„Gewalt erzeugt Gegengewalt", ein Sprichwort, das Sie sicher kennen werden. Stimmt ja auch, denn in unserer Welt zieht Gleiches Gleiches an. Was würde da wohl ein Land voller Menschen tun, die sich nicht in die Angelegenheiten eines anderen Landes einmischen und wo jeder in Frieden mit sich und seinen Mitmenschen lebt, weil er selbst die Verantwortung für sich übernommen hat und niemandem mehr die Schuld für irgendetwas gibt.

Denn jeder ist seines eigenen Schicksals Schmied!

7. KAPITEL
Vorurteile

„Nicht alles, was aussieht wie ein Frosch, ist auch grün!" Leute, die mich schon etwas länger kennen, haben diesen Spruch von mir sicher schon öfter gehört, zumal ich ihn sehr gern und auch häufig benütze, da er das Thema „Vorurteile" sehr gut widerspiegelt und genau das aussagt, was die Quintessenz dieser Problematik ist.

„Nicht alles, was aussieht wie ein Frosch, ist auch grün!" – was heißt dieser Satz denn genau? Fast alle denken, wenn sie sich einen Frosch vorstellen an ein grünes Getier und haben dabei meist sogar das Bild eines „grünen Pfeilgiftfrosches" im Kopf, da es in den letzten Jahrzehnten das Symbol schlechthin für einen Frosch ist, oder einige von Ihnen kennen doch sicher noch, sofern Sie aus Österreich kommen, den Quaxi, der Wetterfrosch. Tja, aber wussten Sie eigentlich, dass die meisten Frösche nicht grün sind, sondern alle möglichen Farben haben, wie Braun, Gelb, Rot oder Mischungen davon? Wirklich rein grüne Frösche gibt es nur wenige, dennoch glauben viele Menschen, dass Frösche grün sein müssen! Warum eigentlich? Es haben sich in unserer Gesellschaft so viele „Vorurteile" gebildet, dass wir gar nicht mehr darüber nachdenken, was eigentlich wirklich den Tatsachen entspricht.

Um wohl eines der berühmtesten Vorurteile zu nennen, die die Menschheit kennt: „Blondinen sind dumm." Das ist auch etwas, was man sicherlich nicht sagen kann, denn es gibt sehr viele Blondinen auf dieser schönen Erde, die mit Sicherheit nicht dumm sind, dennoch freuen wir uns, wenn wir wieder mal eine blonde Frau finden, auf die das Vorurteil zutreffend ist, dabei wissen wir doch gar nicht, ob es ihre Naturhaarfarbe ist. Vielleicht ist es ja eigentlich eine „dumme Braunhaarige".

Sicher gibt es in unserer Gesellschaft auch Vorurteile, die eigentlich keine sind, da man sie wissenschaftlich erklären kann und eher eine Tatsache darstellen, aber dennoch gibt es immer Ausnahmen. Bei mir zu Hause gibt es einen Nachbarbezirk, von dem meine ganze Heimatstadt weiß, dass alle von dort nicht Auto fahren können. Mir selbst kommt es auch so vor, dass immer, wenn ein Autofahrer einen „Mist" zusammenfährt, er zu 90 % von dem Bezirk X kommt. Eine wahrhaft rätselhafte Sache, der ich bis dato leider auch nicht auf die Spur gekommen bin, warum das so ist bzw. mir so vorkommt. Sie werden sicher aus Ihrer Gegend ähnliche Vorurteile kennen.

Laut einer im Internet zu findenden Definition ist ein Vorurteil Folgendes: *„Ein Vorurteil ist ein vorab wertendes Urteil beziehungsweise eine im Allgemeinen wenig reflektierte Meinung – ohne verständige Würdigung aller relevanten Eigenschaften eines gewerteten Sachverhaltes oder einer Person. Anders als ein Urteil ist das wertende Vorurteil für den, auf den es sich bezieht, häufig Ausgangspunkt für entsprechend motivgesteuerte Handlungen, bisweilen so besehen – zumindest zeitweilig – zweckdienlich."*

Eines der schlimmsten Vorurteile, die es in unserer Gesellschaft gibt und das auch zu sehr viel Hass führt und durch gewalttätige Handlungen ausgedrückt wird, ist das: „Ausländer nichts arbeiten wollen, nur schmarotzen unseren Staat, nur ausnutzen und uns unterwandern wollen, um eines Tages eine eigene Partei in unserer Heimat errichten wollen, um mehr Macht bekommen." Ein sehr heißes Thema heutzutage. In meinem geliebten Heimatland sind sicher mindestens 10 % der Bevölkerung zugewandert und kommen aus über achtzig fremden Ländern mit anderen Kulturen, anderer Meinung, anderer Mentalität und Religion, aber komischerweise fallen mir davon nur drei bis vier „Gruppierungen" negativ auf, und wenn Sie mal bei sich zu Hause genau hinsehen, werden Sie feststellen, dass wir alle in einen Topf werfen, nur weil sich nicht mal 10 % der eingereisten Ausländer nicht richtig verhalten. Sicher soll das jetzt nicht heißen, dass es nicht schlimm ist, dass es diese 10 % tun, nein, aber wir sollen es nicht jenen in die Schuhe schieben, die sich brav integrieren und unsere Sprache erlernen und sich an unsere Gepflogenheiten anpassen.

Wenn wir uns dazu äußern wollen, dann sollten wir es dem Richtigen in die Schuhe schieben, nämlich jene konkret ansprechen, die sich nicht korrekt in unsere Gesellschaft integrieren wollen und gegen diese Maßnahmen setzen.

Ich weiß, dass das nicht leicht ist und auch oft nicht gelingt, aber stellen Sie sich mal vor, Sie fahren in Urlaub, wo ja Sie der „Ausländer" sind, und jemand verprügelt Sie plötzlich, weil ein „Ausländer" vor Kurzem etwas „Böses" getan hat und diese Person jetzt einen passenden Sündenbock dafür gefunden hat. Ich denke, Sie wären davon auch nicht sehr begeistert. Oder? Wenn Sie schon einen Täter brauchen, dann suchen Sie sich denjenigen, der es getan hat, aber verurteilen Sie niemand anderen dafür, nur weil er aus demselben Land kommt, die gleiche Hautfarbe hat oder derselben Religion angehört.

Wir haben nun mal beschlossen, dass wir alles globalisieren, um unseren Wohlstand noch mehr zu vergrößern, die logische Konsequenz war und ist dadurch nun mal, dass sich die Völker, die sich zuvor vielleicht über Jahrtausende bekriegt haben, sich hassen, eine andere Mentalität haben, Gott unter einem anderen Namen anrufen und eine andere Vorstellung von Recht und Ordnung haben, vermischen und aufeinandertreffen.

Diese Suppe dürfen wir jetzt alle gemeinsam auslöffeln, ob wir es wollen oder nicht, denn hier auf einen grünen Zweig zu kommen, ist sehr, sehr schwierig, da an diesem Topf unzählige Köche stehen, die alle meinen, dass ihr Rezept besser ist als das des anderen, und es teilweise auch noch mit Gewalt probieren, ihre Gewürze hineinzuschmeißen.

Hier noch eine weitere Definition von Vorurteilen, die ich für die beste aller halte:

„Vielleicht lautet die kürzeste aller Definitionen des Vorurteils: Von anderen ohne ausreichende Begründung schlecht denken."
(G. W. Allport)

Dieser Satz enthält den wichtigsten Punkt zu diesem Thema, nämlich ohne ausreichende Begründung schlecht zu denken.

Es gibt natürlich auch Vorurteile, die „positiv" sind, wie zum Beispiel:

>Papa kann alles
>Der muss es ja wissen, der hat schließlich einen Doktortitel
>Intelligente Schüler sind besser in der Schule
>Ärzte sind unfehlbar
>Hochgebildete Personen sind besser
>Hier noch ein paar bekannte Vorurteile:
>Polen stehlen teure Autos
>Franzosen und Italiener denken immer nur
>an die Liebe und Sex
>Engländer können nicht kochen
>Beamte sind langweilig
>Alle Ausländer stinken nach Knoblauch

Ist das denn alles wirklich so? Oft werden Vorurteile ganz bewusst geschaffen, zum Beispiel von der Politik, um eine gewisse Meinung in der Bevölkerung zu verbreiten und so die Massen gefügig zu machen.

Wie es ganz besonders im Zweiten Weltkrieg üblich war und auch leider heute noch zum Sympathiegewinn für viele Kriege genützt wird.

Sehen wir uns doch noch ein Vorurteil der oben angeführten an, und zwar, dass intelligente Schüler besser in der Schule sind. Das ist nämlich ein großer Irrtum, weil Intelligenz nichts weiter ist, als Zusammenhänge zu erkennen. Einfach Dinge zu lernen, hat eher etwas mit Merkfähigkeit als mit Intelligenz zu tun. Ich selbst konnte während meiner Schulzeit beobachten, dass sogar sehr viele hochintelligente Schüler viel schlechtere Noten hatten als Schüler, die halt eine gewisse Zeit länger brauchten, um Dinge oder Zusammenhänge zu verstehen. Das lag meiner

Meinung nach daran, dass die „intelligenten" Schüler viel öfter Dinge hinterfragen und sich überlegen, warum sie das eigentlich machen, da ja so einige Dinge in der Schule nicht viel Sinn ergeben, man sie aber dennoch lernen muss. Und so kommt es, dass viele Schüler, die die Dinge einfach machen, gute Noten haben, und diejenigen, die keinen Sinn in manchem stofflichen Inhalt erkennen, schlechter abschneiden. Mit Intelligenz hat das nichts zu tun. Ich musste in meiner Schulzeit dreimal einen „Intelligenztest" machen, weil einige der Meinung waren, dass es das nicht gibt, dass ich dort und da so schlecht war. Aber mit meiner Intelligenz hatte das wenig zu tun, da ich bei allen drei Tests weit über dem Durchschnitt lag. Eher damit, dass ich in vielerlei schulischen Inhalten keinen Sinn sah und wenn der Lehrer auch noch keine Antworten auf meine Fragen hatte oder mit dem Standardsatz kam, „Das ist halt so", dann war es schon vorbei und ich stufte ihn als „nicht lehrfähig" ein und bekam halt in diesem Fach eine schlechte Note.

Sie brauchen also keine Angst zu haben, sollte Ihr Kind mal schlechte Noten in der Schule haben, dass es „dumm" sein könnte. Das sind die wenigsten, vielmehr sieht es in dem, was es tut, keinen Sinn mehr und Sie sollten ihm helfen, einen Sinn in der ganzen Sache zu sehen und ihm, wenn möglich, dies genau zu erklären.

Man kann viele, wenn nicht fast alle Vorurteile durch genaues Betrachten und Recherchieren widerlegen, aber dies würde an dieser Stelle zu weit führen.

Merken Sie sich einfach, dass nicht alle Frösche grün sind, dann werden Sie sicher manche Vorurteile mit anderen Augen sehen, und wenn Sie einfach akzeptieren, dass selbst die Wiese nicht immer grün ist, dann können Sie in Zukunft sicher besser Ihre eigene Meinung vertreten als die derjenigen, welche Vorurteile in die Welt setzen, um ihre zu verbreiten!

8. KAPITEL
Nationalstolz

Wenn man heutzutage in Deutschland oder Österreich sagt, „Ich habe einen großen Nationalstolz", und dies nicht im Zusammenhang mit Sport, dann wird man zu 90 % sofort als rechtsradikal eingestuft! Warum? Darf man als Bewohner eines Landes nicht stolz darauf sein, diesem anzugehören? Was hat das mit Rechtsextremismus oder Rassismus zu tun?

Ich kann von mir mit gutem Gewissen behaupten, dass ich ein Patriot bin! Wenn man das als Bewohner der USA sagt, ist das auch kein Problem, doch in Europa bzw. besser gesagt in Deutschland und Österreich wird man bei so einer Aussage mal schief angesehen.

Dabei beschreibt Patriotismus oder Nationalstolz doch nur, dass man wegen ethnischer, kultureller, politischer oder historischer Gründe stolz auf sein Land ist. Österreich zum Beispiel wird im Jahre 996 n. Chr. das erste Mal schriftlich erwähnt. In über 1000 Jahren der Geschichte hat sich so viel zugetragen, auf das man stolz sein kann, warum also glauben manche dann, wenn wir von der Geschichte reden und sagen, dass wir auf die Geschichte Österreichs stolz sind, das bezöge sich auf die Jahre 1938 (Anschluss Österreichs an das deutsche Reich)–1945 (Ende des Zweiten Weltkrieges). Das ist ein Zeitraum von ca. 0,8 % der Gesamtgeschichte dieses Landes! Oder Deutschland hat auch viel in der Geschichte erreicht, auf das man stolz sein kann, auch historisch!

Ist dieser Zustand nicht absurd? Viele Länder dieser Erde sind nur das, was sie heute sind, weil Patrioten etwas getan haben oder geschaffen haben, was sie zu dem macht. Ein Beispiel: Thomas Jefferson war einer der Hauptverfasser der Unabhängigkeitserklärung der USA und wurde von den Briten des Verrates beschuldigt. Die USA feiern ihn aber als Helden und Patrioten, weil er an sein Land geglaubt hat und stolz war auf das, was es leistete. Jedes Land dieser Erde macht oder hat in der Geschichte Fehler gemacht, selbst solche Länder wie die USA. Aber eine Entscheidung wird in der Situation, wo sie getroffen wird, immer nach bestem Wissen und Gewissen einer Person gefällt. Im Nachhinein kann man sie immer kritisieren und sagen, dies oder jenes hätte man besser machen können. Aber da man nicht dieselbe Situation mit genau denselben Parametern durchlebt hat, steht es niemandem zu, zu behaupten, er hätte es in dieser Situation besser machen können.

Warum also kann man als Österreicher und Deutscher nicht einfach sagen, dass man stolz auf sein Land ist? Ich zum Beispiel bin auf mein Land stolz, weil es tolle Persönlichkeiten hervorgebracht hat wie W. A. Mozart – berühmter Komponist 18. Jh., Josef Haydn – berühmter Komponist 18. Jh., Maria Theresia – Kaiserin von Österreich 18. Jh., Egon Schiele – berühmter Maler 19.–20. Jh., Gustav Klimt – berühmter Maler 19.–20. Jh., Johann Strauß – berühmter Komponist – 19. Jh., Franz Schubert – berühmter Komponist 18.–19. Jh., Johann Nepomuk Nestroy – Dichter – 19. Jh., Ferdinand Porsche – berühmter Konstrukteur 19.–20. Jh., Prinz Eugen von Savoyen – berühmter Feldherr – 17.–18. Jh., Friedrich Stowasser, auch als Friedensreich Hundertwasser bekannt – berühmter Künstler 20.–21. Jh., Josef Werndl – berühmter Waffenproduzent 19. Jh., Arnold Schwarzenegger – Gouverneur von Kalifornien und berühmter Schauspieler 20.–21. Jh., die Liste würde sich noch sehr lange fortführen lassen, ich bin auch sehr stolz auf diverse wirtschaftliche Leistungen wie die „Steyr Werke", deren Waren in der ganzen Welt einen Namen haben, oder die „Voest Alpine" und so weiter.

Sie sehen, man kann auf sehr viele Dinge eines Landes stolz sein, die nichts mit Rechtsextremismus zu tun haben.

Denn Nationalstolz oder Patriotismus ist das, was ein Land wachsen und „groß werden" lässt. Ohne Persönlichkeiten mit Nationalstolz sind die Tage eines Landes schon gezählt. Es gibt ein paar Kategorien in der heutigen Zeit, warum man auf sein

Land noch stolz sein sollte oder kann. Entweder ein „großer Führer", wie zum Beispiel in England die Queen. Wirtschaftliche Stärke, wie es die USA von sich behaupten können, großartige Köpfe wie in Deutschland Albert Einstein oder in Österreich Wolfgang Amadeus Mozart. Die Gepflogenheiten seines Landes oder Traditionen. Wenn aber ein Land keines dieser Dinge aufweisen kann, dann ist es leider auf dem absteigenden Ast, da Menschen nur gerne in einem Land arbeiten und leben, das ihnen Halt gibt, und je stolzer man auf das, was man tut oder ist oder lebt, sein kann, desto produktiver und hilfreicher ist man für die Gesellschaft.

Wir leben in einer immer mehr globalisierten Welt, wo sich Traditionen, Kulturen, Sprachen und Religionen immer mehr vermischen, ja selbst beim Sport kann man schon seit Langem eigentlich nicht mehr sagen, dass die USA, Deutschland, Frankreich oder Österreich bei irgendetwas gewonnen haben, denn wenn man sich mal die Fußballvereine so ansieht, dann stellt man unweigerlich fest, dass nur mehr weniger als die Hälfte der Spieler, wenn überhaupt noch, aus dem Land kommen, für das sie spielen. Kann man da wirklich noch auf sein Land stolz sein? In Österreich ist es beim Wintersport zum Glück noch so, dass die Masse aus einheimischen Sportlern gestellt wird und wir stolz auf unsere Leistungen sein können. Aber viele Länder können das leider nicht mehr.

Auf was sind Sie in Ihrem Land noch stolz? Gibt es noch „Führer", die es mit dem Land und den Menschen gut und ernst meinen? Sind die großen Firmen eigentlich noch in der Hand Ihres Landes? Haben Sie noch großartige Persönlichkeiten, die nicht ins Ausland gehen, weil es da besser ist? Pflegen Sie Ihre Traditionen und Kulturen? Stellen Sie Mannschaften für sportliche Wettkämpfe aus Ihren eigenen Reihen? Sind Sie stolz, zur EU oder einer anderen Vereinigung zu gehören? Wenn Sie all diese Fragen mit „Nein" beantwortet haben müssen, dann möchte ich Sie an ein sehr berühmtes Zitat erinnern, das in solchen Zeiten sicher hilfreich sein kann und auch ist.

> *„Frage nicht, was Dein Land für Dich tun kann,*
> *sondern was Du für Dein Land tun kannst."*
> John Fitzgerald Kennedy

Jetzt werden Sie sich sicher fragen: „Was soll ich als ‚gemeiner Bürger' schon machen können?" Nun ja, wenn Sie sich mal die Geschichte von irgendjemand „Großem" ansehen und sich mit ihr etwas näher beschäftigen, werden Sie auf ein paar Dinge kommen, nämlich: dass Sie auch irgendwo als Kind aufgewachsen sind, sich jemand um Sie gekümmert hat, seien es die Eltern oder auch jemand anders, Sie in irgendeiner Form zur Schule gegangen sind und sich für eine Tätigkeit entschieden haben, damit Sie Ihren Lebensunterhalt verdienen. Der einzige Unterschied zwischen Ihnen und berühmten Persönlichkeiten ist, dass Sie sich etwas in den Kopf gesetzt haben und konsequent darauf zugesteuert sind und sich von nichts und niemandem abbringen haben lassen. Warum stellen Sie sich nicht einfach mal die perfekte Welt für Sie vor und dann überlegen Sie sich, was Sie gerne in ihr tun würden und wie Sie zu diesem Weltbild beitragen könnten. Und dann machen Sie es einfach, es hindert Sie niemand daran, nur Sie selbst. Sie können auch in einigen Jahren zu den großen Persönlichkeiten gehören, auf die man stolz sein kann, und wer weiß, vielleicht sind Sie es, zu dem viele junge Menschen aufsehen und sagen: „Ja, der hat es geschafft, oder was für ein toller Mensch, was der für uns alle getan hat, war großartig!"

Ich möchte hier an dieser Stelle das Kapitel mit einem weiteren Zitat von JFK abschließen:

> *„Wann, wenn nicht jetzt?*
> *Wo, wenn nicht hier?*
> *Wer, wenn nicht wir?"*
> John Fitzgerald Kennedy

9. KAPITEL
„Vor der eigenen Haustüre kehren"

Ein Sprichwort, das Sie sicher schon mal irgendwo gehört oder selbst in den Mund genommen haben, aber halten Sie sich auch daran? Ist Ihnen klar, was dieses Sprichwort aussagt und impliziert?

Sie werden jetzt sicher sagen, „ja klar, bevor man die anderen Leute kritisiert und an ihnen herumnörgelt, soll man lieber selbst mal bei sich sehen, ob alles in Ordnung ist". Oder?

Ist es denn wirklich notwendig, bei anderen etwas zu suchen, was uns stören könnte? Müssen wir wirklich unser Selbstwertgefühl dadurch anheben, indem wir andere schlechtmachen oder meinen, dass sie an irgendeiner Situation, die uns widerfahren ist, schuld sind?

Gehören Sie zu den Leuten, die immer schlecht über jemanden in dessen Abwesenheit bzw. hinter seinem Rücken reden, um sich bewusst oder unbewusst besser dastehen zu lassen? Können Sie auch niemandem die Meinung direkt sagen und tun Sie es dann, wenn der- oder diejenige weg ist oder nicht zuhört?

Klar sollen Sie Ihre Emotionen wegen einer Person, Sache oder Situation nicht hinunterschlucken und sich damit Ballast aufladen, der irgendwann bei jemandem, der gar nichts dafür kann, entladen wird.

Indem Sie sich über einen Menschen in dessen Abwesenheit ärgern oder aufregen, vergeuden Sie nur Ihre Energie, denn die Person, welcher der Ärger gilt, ist ja nicht da, um sich Ihr „Feedback" auf sein Aussehen, sein Reden oder seine Handlungen anzuhören, folglich kann er oder sie auch nicht darauf eingehen und gegebenenfalls entsprechend reagieren.

Kritik bringt nur dann etwas, wenn sie demjenigen auch mitgeteilt wird, den sie betrifft, sofern Sie dies mit dem nötigen Respekt, Anstand und der nötigen Konstruktivität machen. Sollten Sie nicht in der Lage sein, dies zu tun, sollten Sie sich vielleicht überlegen, sich in Zukunft mit sich zu beschäftigen und wie Sie Ihre „Fehler" oder „Wehwehchen" korrigieren können, indem Sie sich mal das „Feedback" von anderen zu sich selbst anhören! Wenn Sie sich nicht immer gleich angegriffen fühlen, werden Sie einiges für sich aus solchen Gesprächen herausholen können.

Aber sich über andere Leute zu ärgern oder hinter ihren Rücken über sie zu sprechen, bringt denjenigen, über die Sie sprechen, nichts und Ihnen noch weniger, ganz im Gegenteil, Sie schaffen es damit sogar noch, sich schlecht in schlechte Laune zu versetzen und damit dann den Leuten, mit denen Sie sich treffen oder leben, Ihren Ärger auch noch anzuhängen, und so vergeuden Sie dann Ihre Energie und die Ihrer Freunde für etwas, woran Sie nichts ändern können oder es einfach nicht getan haben, weil Sie vielleicht Angst gehabt hätten, was das Objekt der Kritik darauf zu sagen gehabt hätte.

Es gibt da einen sehr guten Spruch, den Sie sicher schon mal gehört haben:

„Wer unter euch ohne Sünde ist, der werfe den ersten Stein auf sie."
Johannesevangelium 8,7

Diese Worte sind zwar schon alt, aber haben auch in der heutigen Zeit immer noch dieselbe Aussage und Bedeutung wie einst.

Wer gibt uns denn eigentlich das Recht, über andere Menschen und ihre Handlungen zu urteilen? Wissen wir denn, aus welchem Motiv sie etwas tun, oder kennen wir die genauen Hintergründe?

Gerichte brauchen für Straftaten wie Morde oft Monate für die Verhandlungen, da im Vorfeld unzählige Leute erst einmal alle Fakten zusammentragen müssen, damit es dem Richter erlaubt ist, sich einigermaßen ein Bild der Situation und der Umstände zu machen. Die Leute verbringen viel Zeit damit, sich in diese Person, sei es das Opfer oder der Täter, hineinzuversetzen. Seien wir doch mal ehrlich, wie können wir dann einfach hergehen und mal so eben, indem wir die Zeitung überfliegen oder wir in Radio oder Fernsehen hören und sehen (siehe Kapitel Medien), dass irgendwo irgendwas passiert ist, gleich ein Urteil über irgendjemanden oder etwas fällen, obwohl wir nicht einmal annähernd die Fakten kennen, geschweige denn die Zusammenhänge verstehen. Davon abgesehen – bringt uns das unseren Zielen im Leben, die jeder gesunde Mensch haben sollte, in irgendeiner Form näher? Nicht wirklich, oder?

Warum also verschwenden wir unsere Energie oft stundenlang am Tag mit Dingen, die wir nicht ändern können, nicht ändern wollen oder uns einfach nichts bringen.

Hören Sie auf, andere Leute zu kritisieren! Akzeptieren Sie andere Leute, wie sie sind. Natürlich gibt es in der heutigen Zeit gewisse Verhaltensweisen und Taten, die man nicht akzeptieren darf und auch soll, aber wenn Sie nicht den Mut haben, daran etwas zu ändern oder es demjenigen zu sagen, und dann auch noch auf dem Standpunkt bleiben, ist es besser für Sie, Sie kümmern sich um Ihre eigenen Sachen, anstatt sich nur zu beschweren, denn wenn Sie jemandem nur Ihre Meinung „geigen", dies aber nicht mit Anstand und Respekt tun, werden Sie Ihre Situation nur noch verschlimmern und Sie vergeuden weitere Energie, die Sie lieber in Ihre Ziele investieren sollten.

Was auch noch ein großes Problem in der heutigen Zivilisation für viele darstellt, ist das Schuld zuweisen. Wenn Sie sich mal einen Tag lang genau beobachten, werden Sie bemerken, wie oft wir eigentlich einer Person, Sache oder Situation die Schuld für irgendetwas geben, aber nicht mal annähernd auf die Idee gekommen sind, selbst die Schuld dafür zu tragen.

Ein Beispiel: Wenn Sie in der Früh zur Arbeit fahren und in den Stau geraten, werden Sie dem Stau dafür die Schuld geben, dass Sie ein paar Minuten zu spät gekommen sind; *oder?* Sie werden jetzt sicher sagen, ja, aber für den Stau kann ich ja nichts. Das stimmt auch, aber Sie fahren ja nicht zum ersten Mal in die Arbeit und auch nicht immer eine andere Strecke! Sie wissen also ganz genau, wie der Verkehr zu jener Zeit, wenn Sie in die Arbeit fahren, auf dem Weg dorthin ist. Wenn Sie dieses „Feedback" aber ignorieren und immer so wegfahren, als ob Sie alleine auf der Welt bzw. auf den Straßen sind, werden Sie immer wieder zu spät kommen, denn der Stau kann nichts dafür, dass Sie einfach nicht rechtzeitig ins Auto steigen und sich auf den Weg machen.

Oder gehören Sie zu den Menschen, die sich immer über den Stress in der Früh beschweren, weil sie nicht einmal genug Zeit haben, gemütlich einen Kaffee zu trinken und richtig zu frühstücken. Natürlich ist in diesem Fall ja der zeitige Arbeitsbeginn schuld, oder?

Warum stehen Sie nicht einfach früher auf? Es zwingt Sie ja niemand, erst so spät aufzustehen! Jetzt werden einige sicher sagen: „Ja, aber ich komme erst so spät ins Bett", warum? Weil Sie sich wieder einmal bis spät in die Nacht irgendeinen Unsinn im Fernsehen angesehen haben und sich wahrscheinlich darüber auch noch beklagt haben, dass es nichts Vernünftiges gegeben hat und Sie nur die Kanäle rauf- und runtergezappt sind!

Nehmen Sie Ihr Leben selbst in die Hand und hören Sie auf, irgendetwas, irgendjemanden oder eine Situation dafür verantwortlich zu machen, was Ihnen widerfährt. Übernehmen Sie die Verantwortung für Ihr Leben und gestalten Sie es nach Ihren Wünschen und Zielen. Niemand anderes, nur Sie sind für alles, was Sie im Leben bekommen oder nicht bekommen, verantwortlich! Ihr jetziger Zustand ist das Ergebnis Ihrer Gedanken, Worte und Taten von gestern, von letzter Woche, Monat oder Jahren.

Sie können jetzt damit anfangen, Ihr Leben selbst zu gestalten! Machen Sie sich nicht von anderen abhängig, denn Sie sind selbst mit Ihrem Leben beschäftigt, es zu meistern.

Es ist auch nicht notwendig, sich Gedanken darüber zu machen, was andere von Ihnen denken, da sich sowieso die meisten nur denken, was die anderen wohl über sie denken, also haben sie gar keine Zeit, sich über Sie Gedanken zu machen.

Sie werden sehen, wie einfach vieles wird, wenn Sie das Ruder selbst in die Hand nehmen und aufhören, immer nur zu reagieren, agieren Sie lieber!

> *„Es ist besser, Großes zu wagen, als*
> *zu jenen zaghaften Seelen zu gehören,*
> *die weder Sieg noch Niederlage kennen."*
> Dwight D. Eisenhower

10. KAPITEL
Charity und Co.

„Charity", oder zu Deutsch „Wohltätigkeit", ist ein Wort, das man heutzutage immer mehr hört. Vielleicht waren Sie selbst schon mal auf einer „charity"-Veranstaltung? Denn Benefizveranstaltungen sind ja heutzutage nicht mehr in, oder? Gibt es da eigentlich einen Unterschied? Ist eine „charity"-Veranstaltung nicht dasselbe wie eine „Benefizveranstaltung"?

Betrachten Sie sich doch mal ein Jahr lang, für was „charitys" und Benefizveranstaltungen gemacht werden, immer für die Wohlfahrt?

Grundsätzlich sind diese beiden Veranstaltungen Ereignisse, an denen etwas für wohltätige Zwecke gesammelt wird, wie zum Beispiel für die Kinderkrebshilfe. Das ist ja eigentlich eine gute Sache, möchte man meinen, oder?

Nun ja, leider hatte ich drei Jahre lang die Gelegenheit, aus beruflichen Gründen oft hinter die Kulissen einer solchen „charity" zu schauen, und bin erschrocken, was ich da gesehen habe. Ich kann an dieser Stelle natürlich nicht für alle „charitys" sprechen, sondern nur für die, die ich selbst erlebt habe, und möchte auch nicht sagen um welche es sich gehandelt hat, da Sie sich selbst gut überlegen sollen, wem Sie Geld spenden möchten oder wohltätig sein wollen.

Im Allgemeinen kann man sagen, dass Benefizveranstaltungen noch mehr mit Wohltätigkeit zu tun haben als „charitys": Warum brauchen wir eigentlich wieder ein neues „Modewort" wie dieses? Genau, weil es Mode ist und unsere Gesellschaft ja bei fast jedem modischen „Unsinn" mitmacht, da man ja dazugehören will. Also lassen sich Leute etwas einfallen, um etwas in Mode zu bringen, um Profit daraus zu schlagen.

Nehmen wir doch mal an, Sie gehen in eine Disco, wo eine „charity" für irgendeinen Zweck durchgeführt wird, und lassen dort 100 € Ihres hart verdienten Geldes, weil Sie glauben, dass der Gewinn für einen wohltätigen Zweck gestiftet wird.

Die traurige Wahrheit sieht meist so aus, dass nur ein wirklich winziger Prozentsatz des Gewinns und meist auch nur bis zu einer gewissen Uhrzeit gespendet wird. Sicherlich sieht es toll aus, wenn um Mitternacht jemand auf der Bühne der gemeinnützigen Organisation symbolisch einen riesigen Scheck im Wert von 10.000 Euro überreicht. Ist doch super, dass so viel Geld zusammengekommen ist. Aber wenn Sie mal die Möglichkeit haben mitzubekommen, wie viel Umsatz und Gewinn wirklich gemacht wurde, dann werden Sie sicher erschrecken. An jenem Tag, als diese Veranstaltung stattfand, hat die Lokalität mehr als das Dreifache als an einem „nichtcharity"-Tag selbst an dieser Aktion verdient, da ja die ganzen Leute nicht um Mitternacht nach Hause gehen, sondern weiter feiern und natürlich konsumieren. Wenn all die Leute wirklich etwas spenden wollten und das auch ohne eine „charity" tun, käme wesentlich mehr zusammen. Aber leider verhelfen wir vielen durch solche Veranstaltungen nur zu Werbung und viel mehr Umsatz. Glauben Sie wirklich, dass all die Veranstalter von „charitys" den wohltätigen Zweck im Vordergrund stehen haben? Klar kommt so Geld für gewisse Zwecke zusammen. Ich persönlich spende lieber von den hundert Euro hundert Euro und nicht nur circa fünf bis zehn Euro, wenn überhaupt. Das bringt wesentlich mehr, denn wenn Sie hundert Euro wirklich über eine „charity" spenden wollen dann müssen Sie auf zehn bis zwanzig „charitys" gehen, um wirklich den Betrag für einen wohltätigen Zweck zu spenden. Sicherlich gibt es immer und überall Ausnahmen und ich unterstelle auch niemandem, bei einer solchen Veranstaltung nur an seinen eigenen Profit zu denken, aber es kann niemand verneinen, dass man durch so eine Veranstaltung wesentlich mehr Gäste in seiner Lokalität findet als sonst und Umsatz und Gewinn auch wesentlich besser als gewöhnlich dabei ausfallen, mal ganz von der Werbewirkung abgesehen.

Der Zweck, für den an einer solchen Veranstaltung gesammelt wird, ist leider auch eine Modeerscheinung, je nachdem, was gerade so in der Welt los ist und von den Medien gezeigt wird. Es gibt vieles, für das wir spenden können, doch haben „charitys" die Angewohnheit, immer im Trend der Zeit zu liegen und sich nicht Gedanken darüber zu machen, wo können wir effektiv mit unserem Beitrag ein Problem lösen.

Glauben Sie zum Beispiel, wenn Sie tausend Euro der Krebsforschung spenden, dass das jemandem wirklich weiterhilft? Das ist ja nicht mal der Wochenlohn eines Wissenschaftlers, der Jahre, wenn nicht Jahrzehnte an dem Problem forscht, bevor er zu einem wirklichen Durchbruch kommt, wenn überhaupt.

Mit tausend Euro können Sie jedoch vielen obdachlosen Menschen oder hilfsbedürftigen Kindern in Ihrer Stadt helfen, dem Tierheim in Ihrer Nähe Futter kaufen oder es dem Obdachlosenheim für das täglich kostenlose Mittagessen stiften. Oder Sie können mit tausend Euro dreiunddreißig Kindern in Afrika, die am Star erkrankt sind, wieder das Augenlicht zurückgeben, da eine Operation dort nur circa dreißig Euro für diese Krankheit kostet.

Denjenigen zu helfen, die es nicht so gut haben wie wir, ist heute noch wichtiger als je zuvor, da wir in einer Welt leben, die das Wort Barmherzigkeit und Mitgefühl maximal noch als „Fremdwort" aus dem Wörterbuch kennt.

Aber ist es nicht wesentlich besser und sinnvoller, jenen direkt zu helfen und zu sehen, wo wir mit unseren Möglichkeiten bzw. Geldbeutel am effektivsten helfen können, und nicht, ob wir durch unser Modeverhalten mal wieder behaupten können, wir waren auch dabei, und voller „Stolz" sagen können, ich war wieder einmal auf einer „charity".

Es gab früher mal eine sehr gute Methode, um „dem Nächsten" zu helfen, sie hieß, „den Zehnt zahlen". Klar war dies noch früher die Steuer, die wir unseren Gutsherren abliefern mussten, doch etwas später kam sie als wohltätige Sache „in Mode".

Stellen Sie sich doch mal eine Welt vor, in der jeder 10 % seines Einkommens den hilfsbedürftigen und wohltätigen Zwecken spendet. Sie wäre im Nu nicht mehr mit der heutigen zu vergleichen!

Für was geben Sie etwas her? Sind Sie überhaupt „barmherzig"?

„Die Welt wird nicht bedroht von den Menschen,
die böse sind, sondern von denen,
die das Böse zulassen."
Albert Einstein

„Es würde viel weniger Böses auf Erden geben,
wenn das Böse niemals im Namen des Guten
getan werden könnte."
Marie von Ebner-Eschenbach

„Das Böse triumphiert alleine dadurch,
dass gute Menschen nichts unternehmen."
Edmund Burke

„Wenn es uns gut geht, dann sind wir verpflichtet,
denjenigen zu helfen, mit denen es das Schicksal
nicht so gut gemeint hat."
Mario Hintermayer

Tja, an dieser Stelle liegt es wieder einmal an Ihnen zu entscheiden, wie Sie in Zukunft mit der „Wohltätigkeit" umgehen, aber bitte bedenken Sie: Um wohltätig zu sein, muss man nicht immer nach den Sternen greifen, auch am Boden finden wir vieles, das unsere Hilfe nicht zu scheuen braucht.

11. KAPITEL
Die Massen sind dumm – Brot und Spiele

Brot und Spiele! Das kennen wir doch sicher von den Römern, oder? Wenn Tausende Menschen, wie es uns in diversen Filmen gezeigt wurde, im Kolosseum sitzen und sich durch wilde Tiere, die von Menschen gejagt werden, oder Gladiatoren, die bis auf Leben und Tod kämpfen, sich belustigen lassen, während sie zur Besänftigung ihrer Gemüter mit Brot versorgt werden, das bei manchen Bevölkerungsschichten von damals doch nicht als tägliche Selbstverständlichkeit einzuordnen war. Aber warum wurde dieses Spektakel überhaupt veranstaltet? Auch wenn es früher Sklaven gab, die für wenig zu essen auch schwerste Arbeiten verrichten mussten, verschlangen ein solcher Bau wie das Kolosseum und die darin veranstalteten Spiele Unmengen an Geld. Womit lassen sich solche Ausgaben also rechtfertigen? Ganz einfach, bei solchen „Events" geht es nur um die Besänftigung der Massen. Wenn das Volk sich wieder einmal über irgendeinen Schwachsinn der Regierung, damals der Imperator oder die Konsuln, aufregt und die Gefahr besteht, dass Unruhen aufkommen, welche den Zielen der Regenten meist im Wege waren, gibt es zwei Möglichkeiten, das Volk oder besser gesagt den „gemeinen Pöbel" unter Kontrolle zu bringen. Die erste ist es, das Volk mit militärischen Mitteln zum Schweigen zu bringen. Diese Methode ist in der Geschichte leider schon des Öfteren in nach hinten losgegangen. Also kommt meist Plan B oder Methode zwei zur Anwendung. Nämlich „Brot und Spiele" oder wie es früher im alten Rom hieß: „ponem et circenses", lateinisch für „Brot und (Zirkus-)Spiele". Zirkus kommt ja auch aus dem Lateinischen und bedeutet „Kreis", was ja der Grundform des Kolosseums entspricht. Unter diesem Motto steht eigentlich eine ganz einfache, aber sehr wirkungsvolle Methode, die Massen zu kontrollieren, indem man zwei Bedürfnisse des Proletariats abdeckt, nämlich das Bedürfnis zu essen und das Luxusbedürfnis der Unterhaltung. Indem man diese beiden „Bedürfnisse" befriedigt und sie auch noch für die Bevölkerung kostenlos macht, kann man, ohne ein Wort darüber zu verlieren, seinen „Dreck" oder die politischen Fehlentscheidungen der letzten Zeit einfach unter den Teppich kehren und keiner wird mehr auch nur ein Wort darüber verlieren, da ja alle das haben, was sie wollen. Und sollte doch mal einer noch rebellieren, nun ja, einer lässt sich leichter mundtot machen als die Masse.

Wenn wir uns die Geschichte der letzten zweitausend Jahre mal ansehen, dann werden wir doch des Öfteren diese Methode der Massenkontrolle bis in die Gegenwart verfolgen können, auch wenn sie heute viel komplexer und nicht mehr so leicht zu durchschauen ist, da wir Schritt für Schritt immer mehr kontrolliert werden, ganz nach dem Froschprinzip.

Das Froschprinzip ist ganz einfach: Wenn man einen Frosch, welcher die Masse verkörpert, in einen Topf mit heißem Wasser wirft, welcher die politisch schlimme Situation einer Zeit oder eines Landes darstellt, dann wird er sofort wieder heraushüpfen. Wenn man aber denselben Frosch in einen Topf mit angenehm temperiertem Wasser wirft und den Topf dann langsam erhitzt, wird er so lange darin bleiben, bis er tot ist!

Und um für den „Frosch" das Wasser angenehm zu temperieren, muss man nichts weiter tun, als die Massen zufriedenzustellen, wofür sich die Methode von Brot und Spielen hervorragend in unserer Geschichte bewährt hat. Denn warum sollte man etwas kritisieren, was einem selbst einen Vorteil verschafft, selbst wenn es nicht dem eigentlichen entspricht, was man sich als Wohltat eigentlich von der Politik erhofft hätte. Denn wenn man den Mund aufmacht und etwas kritisiert, kann es ja sein, dass man das wenige, was man bekommt, auch nicht mehr erhält und so ja unter Umständen schlechter dasteht als zuvor. Wirklich? Was könnte denn passieren, wenn Sie sagen, was Sie möchten? Sie könnten im schlimmsten Fall nur so dastehen, wie zu dem Zeitpunkt bevor die tolle „Wohltat", also Brot und Spiele, über Sie hereinbrach. Wenn sie aber damit nicht zufrieden sind, dann sollte man sehr wohl etwas sagen, denn Runterschlucken und sich mit weniger zufriedengeben, als was Sie wollen, bringt nur Frust.

Wenn man im Leben etwas verändern bzw. verbessern will, dann muss man mal erst dafür Platz schaffen.

Wenn wir etwas weiter in der Geschichte vorrücken, dann kommen wir zum Mittelalter. In dieser Epoche hat man sich eher der gewaltsamen Methode der Massenkontrolle durch Angst und Einschüchterung bedient. Es gibt Forscher, die sogar der Meinung sind, dass unsere Zivilisation schon viel weiter entwickelt wäre, wenn es nicht diese finstere Epoche gegeben hätte. In so ziemlich allen Bereichen hat uns das Mittelalter zurückgeworfen. In dieser Zeit waren die Massen wirklich dumm, denn nur wenigen war es überhaupt erlaubt, lesen und schreiben zu lernen. Aberglaube hatte zu dieser Zeit Hochkonjunktur und mit dem Glauben und dem Spruch „Gott will es" hat man uns alles verkaufen können. In dieser Zeit war es an der Tagesordnung, fast so wie heute mit dem Terrorismus, aber dazu später, dass man Menschen, besonders Frauen, einfach mal der Ketzerei beschuldigt hat und bei lebendigem Leib verbrannte. Das Buch „malleum maleficarum" lieferte für den „Klerus" eine genaue Anleitung zum Aufspüren und Vernichten der Ketzer. Viele wurden in dieser Zeit, nur weil sie einer anderen Meinung waren und etwas von Dingen verstanden, die der Kirche nicht dienlich waren, hingerichtet.

Etwas später fing man dann wieder an, das alte Prinzip „Brot und Spiele" einzuführen, nur ist hierfür der Titel „Wein, Weib und Gesang" ein besserer Begriff. Zwar wurde im Spätmittelalter und am Anfang der Neuzeit immer noch die bewährte Brachialität des Mittelalters eingesetzt, doch wurde man sich der Tatsache, die schon die alten Römer kannten, bewusst, dass „Brot und Spiele" ein viel günstigeres Mittel war, um das Volk zu kontrollieren. Außerdem hatte es den Vorteil, dass der „gemeine Pöbel" einen dafür auch noch liebte.

Bis heute hat sich das Prinzip durchgesetzt. Zwar hat es sich den Umständen der modernen Zivilisation angepasst, da ja heutzutage fast jeder lesen und schreiben kann und über eine Bildung verfügt, mit der man durchaus in der Lage ist, die Worte des großen politischen Führers, der halt gerade das Sagen hat, abzuwägen. Möchte man zumindest meinen.

Doch das Prinzip „Brot und Spiele" hat sich in der Zwischenzeit zu „Sex, Drugs and Rock'n'Roll" verändert, da die Menschheit es ja im Laufe der Geschichte doch geschafft hat, anspruchsvoller zu werden, und noch mehr und vor allem Sinn abtötende Unterhaltung wünscht, um noch weiterhin brav die Klappe zu halten.

Wenn man sich mal ernsthaft mit der Politik eines Landes beschäftigt, das man nicht kennt, also man nicht voreingenommen ist, wird man sehr schnell etwas finden, was die Führung nur zum Zweck der Massenkontrolle einsetzt, damit die Führung ihre eigenen Ziele und Wünsche verfolgen kann. Heutzutage sind Menschen, die wirklich um ihr Volk bemüht sind und nicht nur denken, was bringt mir das, sehr selten geworden.

Und außerdem ist es ja viel einfacher, mit der Masse zu schwimmen, also meist im Strom, als dagegen. Es geht heute sogar so weit, dass wenn man sich in einer Menschenmenge befindet, die für etwas Bestimmtes ist, sich gut überlegen sollte, seine eigene Meinung kundzutun, sollte sie nicht der Masse entsprechen. Heute hat es das Prinzip „Brot und Spiele" geschafft, uns gegeneinander aufzuhetzen. Ein Paradebeispiel dafür ist ein großes Fußballspiel. Was ist diese Veranstaltung denn anderes? Ein riesiges Spiel, bei dem die Massen sich unterhalten lassen können, während sie sich irgendeine Form von Drogen reinziehen, seien es jetzt legale wie Alkohol und Nikotin oder illegale, die man ja beim „Dealer des Vertrauens" um die Ecke bekommen kann. Aber das wirklich Groteske an der Sache ist, dass man zwischen den Fanblocks riesige Absperrungen und Tausende Sicherheitskräfte platzieren muss, damit sich die Massen nicht gegenseitig lynchen, wenn der Gegner mal wieder ein Tor geschossen hat.

Unsere Konsumgesellschaft bekommt es heute gar nicht mehr mit, selbst wenn man ihnen es versucht zu erklären, dass Arbeitslosengeld und sonstige Unterstützungen finanzieller Natur das Brot darstellen und sie alle Formen der Unterhaltung, seien es vom Staat durchgeführte oder von anderen Institutionen oder Firmen, die Spiele sind. Und wir sind die Frösche, die mitgekocht werden, während unsere Gesellschaft immer korrupter, machtgieriger und träger wird.

Doch wissen wir aus dem Froschprinzip genau, dass der Frosch so lange im Topf bleibt, bis er tot ist.

Wenn wir nicht aufpassen, wird unsere Gesellschaft auch so enden. Wir haben jedoch einen wesentlich besseren Verstand als ein Frosch! Wir können selbst entscheiden, was wir wollen. Jedoch solange wir uns unbewusst oder auch bewusst immer nur als Opfer sehen, werden wir früher oder später an der Hitze des Wassers verrecken.

Versuchen Sie doch mal, die Dinge aus einem anderen Blickwinkel zu betrachten, und verfolgen Sie Ihre Ziele, indem Sie sich immer die Frage stellen: Bringen mich meine Einstellung, meine Gedanken und meine Taten auch wirklich dem näher, was ich tatsächlich will, oder will ich eigentlich auch nur „Sex, Drugs and Rock'n'Roll", damit ich mein eigenes Potenzial nicht auszuschöpfen brauche und nicht sehe, was sich in dieser wunderbaren Welt, die voller Chancen und Möglichkeiten ist, wirklich tut und abspielt?

> *„Nur die Lüge braucht die Stütze der Staatsgewalt,*
> *die Wahrheit kann von alleine aufrecht stehen."*
> Thomas Jefferson

12. KAPITEL
Falsches Mitgefühl

In der heutigen Zeit ist es in Mode geraten, für viele Ereignisse, welche einem Menschen Leid zufügen, besonders wenn diese in der Öffentlichkeit stehen, unser Mitgefühl auszudrücken, indem wir vor dem Fernseher sitzen und uns an den schrecklichen Bildern ergötzen und den Vorfall mit einem „boah, wow, ma schlimm" oder Ähnlichem kommentieren.

Aber drücken wir damit wirklich unser Mitgefühl für die Opfer aus oder bekennen wir uns mit diesen Meldungen nur zu unserer Sensationsgeilheit, die durch diverse Medien ja auch noch recht gut gefördert wird, indem man am besten, wie es im Kapitel Medien beschrieben ist, das Blut richtig schmecken kann?

Wenn man es genau nimmt, sind wir eine Gesellschaft von Voyeuren geworden, die am liebsten bei jedem schrecklichen Ereignis einen Logenplatz hätten, um ja nichts zu versäumen.

Sicher tun uns die Leute, denen etwas Schreckliches passiert, leid, vor allem dann, wenn es sich um einen berühmten Fußballer handelt, der sich einen Fuß brach, oder einen Skifahrer, der einen schrecklichen Unfall erlitt und dadurch nie wieder Ski fahren kann.

Wir fühlen mit den ganzen Verrückten mit, die ihr Leben für sinnlose und lebensgefährliche Stunts riskieren, nur damit sie unsere immer mehr steigende Sensationslust befriedigen können. Und plötzlich passiert es! Jemandem, den wir aus dem Fernsehen kennen, passiert ein Unglück und wird schwer, wenn nicht lebensbedrohlich verletzt. Wir sind natürlich erschüttert und fangen vielleicht sogar damit an, für den Skifahrer, Fußballer oder Stuntman Geld zu sammeln bzw. zu spenden, denn sonst kann er ja seinen weiteren Lebensunterhalt nicht mehr bestreiten. Wirklich? Wenn ein Mensch, der sich seines Risikos ganz genau bewusst war, als er anfing, diese oder jene Sportart auszuüben, an der Sie sich so ergötzen, einen Unfall erleidet, schreien wir laut auf und sind bestürzt und außer uns, weil diese Person ja so arm ist und jetzt ein Leben lang was auch immer hat.

Aber wenn jeden Tag Tausende Menschen an Hunger und Krankheiten sterben und langsam verrecken, ist es uns „scheißegal", denn die haben ja unsere Sensationslust nicht wie die ganzen Berühmten im Fernsehen befriedigt! Wie viel Dynamit müssten wir wohl in unsere Köpfe packen und hochjagen, um unseren Schädel von diesem Blödsinn freizublasen?

Glauben Sie wirklich, dass Sportler oder Stuntmen, die Sie im Fernsehen ach so bemitleiden, wenn ihnen etwas passiert, wirklich nach einem Unfall nicht mehr weiterleben könnten, weil sie finanziell am Ende sind? Nein, diese Personen bekommen von ihren Versicherungen nach so einem Ereignis in der Regel genügend Geld, um noch weitere hundert Jahre auf dieser Erde ohne finanzielle Sorgen weiterleben zu können. Klar ist es furchtbar, wenn jemandem ein Unglück widerfährt, aber wir dürfen nicht die Relationen an der Sache vergessen, denn wenn ein Kind in Afrika erblindet, dann war's das fürs restliche Leben. Chancen hat es dann keine mehr, zumindest dreißig Jahre alt zu werden. Bei uns werden Sportler teilweise auf Millionen versichert, besonders wenn sie für Versicherungen auch als Werbeträger dienen. Sie brauchen sich also, besonders bei Berühmtheiten, keine Sorgen zu machen, ob sie ihren Lebensunterhalt weiter bestreiten können oder nicht. Wenn Sie von jemandem erfahren, der von irgendeinem Hochhaus „Basejumpen" wollte und der Fallschirm sich aber zu spät geöffnet hat und durch den Aufprall beide Beine verloren hat, sagen Sie doch sicherlich auch: „selber schuld", oder? Warum also haben Sie so viel „Mitleid" bei jemandem, der etwas ähnlich Gefährliches macht, sich dabei verletzt und berühmt ist. Denn mit über hundert Sachen über eine extrem steile, vereiste Piste zu donnern und dann noch Bogen um Stäbe zu schwingen, ist mindestens genauso riskant, wenn nicht noch gefährlicher. Aber in diesem Fall sagen wir komischerweise nicht „selbst schuld", obwohl solche Aussage in dieser Situation auch zutreffen würde, denn jeder, der so etwas macht, muss damit rechnen, sich früher oder später zu verletzen.

Wahres Mitgefühl zu haben und zu zeigen und daraus auch Taten walten zu lassen, ist heute noch viel wichtiger als früher, jedoch sollte das Mitgefühl nicht ein Resultat einer Ergötzung an Sensationslust sein!

„Was ihr für den geringsten meiner Brüder
getan habt, habt ihr für mich getan."
Bibelzitat

„Mitfreude, nicht Mitleiden macht den Freund."
Friedrich Nietzsche

„Mitgefühl und Liebe sind wertvolle Dinge im Leben.
Sie sind nicht kompliziert. Sie sind einfach, aber sie
sind schwierig zu praktizieren."
Tenzin Gyatso

13. KAPITEL
Falscher Egoismus

Viele von uns würden Egoismus als Eigenschaft beschreiben, bei der man sich selbst bei seinen Wünschen, Denken und Handeln den Vorzug gibt. Oft lassen wir unsere Wünsche und Bedürfnisse komplett außer Acht und bemühen uns, es allen recht zu machen, um den anderen gegenüber nicht egoistisch zu wirken. Meist müssen wir unsere Vorstellungen, Wünsche und Ziele zurückstecken und fressen den Frust, den wir dadurch bekommen, in uns hinein. Wenn dieser im Laufe der Zeit jedoch zu groß geworden ist, knallt es meist und wir sind gezwungen, genau das zu tun, vor dem wir Angst gehabt hatten, dadurch egoistisch zu sein.

Lassen Sie mal das Bild Ihres egoistischen Selbst sein und konzentrieren Sie sich auf das, was Sie gerne möchten. Auf Ihre Ziele und Wünsche. Und dann vergleichen Sie mal die Handlungen, die nötig wären, um diese zu verwirklichen, mit den Handlungen, die Sie nicht vornehmen wollen oder können, weil Sie ja Angst haben müssten, jemand könnte Sie als egoistisch bezeichnen. Jetzt werden Sie sicher sagen: „Ja, um das alles erreichen zu können, muss ich ja der Egoismus in persona sein!" Wirklich? Haben Sie sich eigentlich schon mal Gedanken darüber gemacht, was Egoismus denn überhaupt ist? Die meisten Menschen verwenden diesen Begriff nämlich in einem vollkommen falschen Zusammenhang.

Egoismus kommt von dem lateinischen Wort „ego", was „ich" bedeutet. Also ein Mensch, der nur an sich denkt – und ganz wichtig, der es ohne die Rücksichtnahme auf andere tut.

Das heißt, wenn Sie zum Beispiel Ihrem Partner sagen, dass Sie heute lieber nicht spazieren gehen wollen und dieser dann schmollend den ganzen Tag herumsitzt, haben Sie in keiner Weise egoistisch gehandelt. Wenn Sie aber Ihren Partner dazu vergattern, auf die Kinder zu schauen, obwohl Sie heute dran wären, nur um mit Ihren Freunden auszugehen, dann ist das sehr egoistisch, da Sie Ihre Wünsche und Ziele auf Kosten anderer durchgesetzt haben.

Ich weiß, der Unterschied ist am Anfang nicht leicht zu verstehen. Am leichtesten ist es, wenn Sie bei Ihren Zielen und Wünschen darauf achten, dass durch ihre Umsetzung nicht andere Menschen in Mitleidenschaft gezogen werden. Doch Sie müssen auch damit anfangen, zu Dingen, die Sie nicht mögen, Nein zu sagen. Denn jeder nicht egoistische Mensch wird es verstehen. Doch wenn Sie zum Beispiel an der Kasse stehen und jemand fragt Sie, ob er vor darf, und Sie sagen Nein, ist das nichts Egoistisches. Wenn jener Sie aber weiter bedrängt oder einfach vorbeigeht, ist diese Handlung egoistisch, da er sein Ziel, schneller zahlen zu können, auf Kosten jemand anderes, in diesem Falle Sie, durchsetzt.

An sich selbst zu denken, ist in keiner Weise egoistisch. Bei der „Ersten Hilfe" zum Beispiel gilt „Eigenschutz geht vor". Keiner würde hier auf die Idee kommen, diese Menschen als egoistisch zu betrachten, obwohl unsere Anschauung dieser Vokabel dies müsste.

Sagen Sie ruhig mal *„Nein"* zu etwas, das Sie nicht möchten. Sie werden sehen, dass Sie sich dabei viel besser fühlen, als immer klein beizugeben, obwohl Sie dies gar nicht möchten.

Wenn der andere dies nicht akzeptieren kann, sollte der- oder diejenige sich überlegen, wer denn da jetzt egoistisch ist.

Also sagen Sie auch mal *„Nein"!* Es hilft!

Scheuen Sie sich nicht davor, das zu tun, was Sie möchten, das zu erreichen, was Sie anstreben, und frei zu sagen, was Sie denken. Wenn Sie es mit dem nötigen Respekt tun, werden Ihnen viele Türen geöffnet und Sie haben dann die Möglichkeit, es auch anderen „recht zu machen", wenn Sie selbst mit sich im Reinen sind, nur ist es dann Güte und nicht Verlangen eines anderen.

„Egoismus besteht nicht darin, dass man sein Leben nach seinen Wünschen lebt, sondern darin, dass man von anderen verlangt, dass sie so leben, wie man es wünscht."

Oscar Wilde

14. KAPITEL
Terrorismus

Der 11. September 2001 ist inzwischen zum „Feiertag" des Terrorismus geworden. An diesem Tag werden wir durch die Medien immer wieder daran erinnert, wie neunzehn Angehörige der Terrorgruppe al-Qaida vier Flugzeuge entführten und diese gegen zivile und militärische Ziele in den USA einsetzten, indem sie die Maschinen crashen ließen. Zwei Maschinen lenkten die Entführer in das World Trade Center in New York, eine in das US-amerikanische Verteidigungsministerium, das Pentagon (Arlington, Virginia), und das vierte stürzte nach Kämpfen zwischen der Crew, den Gästen und den Entführern in der Nähe von Pittsburgh (Pennsylvania) ab. Wobei bei der vermeintlichen Absturzstelle des Pentagons nie Flugzeugtrümmer gefunden wurden!

Das genaue Anschlagsziel fand man jedoch nicht heraus. An diesem Tag starben 2996 Personen und die 19 Attentäter.

Seit diesem Ereignis muss unsere Gesellschaft Einbußen in die persönliche Freiheit in Kauf nehmen, da die Politik uns mit zahllosen Maßnahmen vor diesen Attentätern schützen will. Doch mit genau diesen Maßnahmen erreichen die Terroristen exakt das, was sie wollen, nämlich die Verbreitung von Angst und Terror. Das Wort „Terror" kommt aus dem Lateinischen und bedeutet „Furcht" bzw. „Schrecken". Dies erreichen sie durch diverse subversive Aktionen wie das Hochjagen einer Bombe in einem Ballungszentrum oder das Freisetzen eines biologischen oder chemischen Kampfstoffes ebenfalls in Ballungszentren oder an für den Nationalstolz wichtigen Orten. Zumal es sich bei den Attentätern meist um Selbstmordattentäter handelt, die in ihrem Glauben so stark festgefahren sind und nicht erkennen können, was richtig und falsch ist, da man ihnen das in diversen „Trainingscamps" so eingebläut hat, dass sie nur mehr ein Ziel haben, den bösen Feind, die westliche Zivilisation zu bekämpfen. Dabei streben diese meist islamistischen Fanatiker aber weder politische Macht noch Land an, im Gegensatz zu Guerilleros, die mit Terrorismus nicht wirklich etwas zu tun haben, aber auch gerne mal, wie so ziemlich alles, was „stört", als Terroristen bezeichnet werden, da man in diesem Falle ja wesentlich mehr Möglichkeiten hat, um die „Gefahr" zu beseitigen. Siehe der sogenannte „Patriot Act", welcher auf Drängen von Präsident Bush am 25. Oktober 2001 vom Kongress im Zuge des „Krieges gegen den Terror" abgesegnet wurde. Dieses Gesetz brachte einige große Einschränkungen der US-amerikanischen Bürgerrechte mit sich, aber es hatte auch Auswirkungen für USA-Reisende, da die Anforderungen an Pässe erhöht wurden.

Aber das Wichtigste war, dass man Personen, die im Verdacht standen, mit Terrororganisationen in Verbindung zu stehen, diese zu finanzieren, selbst Anschläge auszuführen oder diese zu planen, ohne Anwalt und ohne das Recht auf eine Verhandlung auf unbestimmte Zeit festhalten konnte.

Guantanamo ist ein kleiner Teil Kubas und seit der Kuba-Krise im Jahre 1962 in US-amerikanischen Händen. An diesem Ort werden potenzielle Terroristen auf unbestimmte Zeit festgehalten und verhört. Sogar der Status von Kriegsgefangenen, der ihnen laut Genfer Konvention zustehen würde, wird ihnen verweigert.

An so einem Ort würde es sicher nicht auffallen, wenn mal der eine oder andere „unliebe" Bürger eines Landes einfach verschwindet, besonders dann nicht, wenn man ihn eines terroristischen Vergehens verdächtigen kann.

Heutzutage ist es bereits in Mode gekommen, dass, wenn eine Person Geiseln nimmt, ein Gebäude mit Sprengstoff versieht und mit der Tötung dieser droht, man sie als Terrorist bezeichnet, denn dann kann man diese ja viel leichter und mit weniger Fragen „entsorgen". Aber es gibt auch noch Verbrecher der „alten Schule", die einfach nur Geld erpressen wollen. Klar ist eine solche Tat auch nicht richtig, aber vom Terrorismus ist dies weit entfernt, da dieser ja komplett andere Ziele verfolgt.

> *„Ich glaube, die Verbesserung der Lebensbedingungen armer Menschen ist eine bessere Strategie als Geld für Gewehre.*
> *Der Kampf gegen den Terrorismus kann nicht durch Militäraktionen gewonnen werden."*
> Mohammed Junus, Friedensnobelpreisträger

Aus dem Heiligen Koran

„5:8 Ihr, die ihr glaubt! Seid standhaft in Allahs Sache, bezeugend in Gerechtigkeit! Die Feindseligkeit eines Volkes soll euch nicht verleiten, anders denn gerecht zu handeln. Seid gerecht, das ist näher der Gottesfurcht. Und fürchtet Allah; wahrlich, Allah ist kundig eures Tuns.

5:32 Aus diesem Grunde haben wir den Kindern Israels verordnet, dass, wenn jemand einen Menschen tötet – es sei denn für (Mord) an einem andern oder für Gewalttat im Land –, so soll es sein, als hätte er die ganze Menschheit getötet; und wenn jemand einem Menschen das Leben erhält, so soll es sein, als hätte er der ganzen Menschheit das Leben erhalten. Und unsere Gesandten kamen zu ihnen mit deutlichen Zeichen; dennoch, selbst nach diesem, begehen viele von ihnen Ausschreitungen im Land.

49:9 Wenn zwei Parteien der Gläubigen miteinander streiten, dann stiftet Frieden unter ihnen; wenn aber eine von ihnen sich gegen die andere vergeht, so bekämpft die Partei, die sich verging, bis sie zu Allahs Befehl zurückkehrt. Kehrt sie zurück, dann stiftet Frieden zwischen ihnen nach Gerechtigkeit, und handelt billig. Wahrlich, Allah liebt die billig Handelnden.

2:256 Es soll kein Zwang sein im Glauben. Gewiss, Wahrheit ist nunmehr deutlich unterscheidbar von Irrtum; wer also sich von dem Verführer nicht leiten lässt und an Allah glaubt, der hat sicherlich eine starke Handhabe ergriffen, die kein Brechen kennt; und Allah ist allhörend, allwissend.

4:94 Oh, die ihr glaubt, wenn ihr auszieht auf Allahs Weg, so stellt erst gehörig Nachforschung an und sagt nicht zu jedem, der euch den Friedensgruß bietet: ‚Du bist kein Gläubiger.' Ihr trachtet nach den Gütern des irdischen Lebens, doch bei Allah ist des Guten Fülle. Also wartet ihr einst, dann aber hat Allah seine Huld über euch ergossen; darum stellt erst gehörig Nachforschung an. Siehe, Allah ist eures Tuns wohl kundig.

6:108 Und schmähet nicht die, welche sie statt Allah anrufen, sonst würden sie aus Groll Allah schmähen ohne Wissen. Also ließen wir jedem Volke sein Tun als wohlgefällig erscheinen. Dann aber ist zu ihrem Herrn ihre Heimkehr; und er wird ihnen verkünden, was sie getan.

8:61 Sind sie jedoch zum Frieden geneigt, so sei auch du ihm geneigt und vertraue auf Allah. Wahrlich, er ist der Allhörende, der Allwissende.

9:6 Und wenn einer der Götzendiener bei dir Schutz sucht, dann gewähre ihm Schutz, bis er Allahs Wort vernehmen kann; hierauf lasse ihn die Stätte seiner Sicherheit erreichen. Dies, weil sie ein unwissendes Volk sind.

49:10 Die Gläubigen sind ja Brüder. Stiftet drum Frieden zwischen euren Brüdern und nehmet Allah zu eurem Beschützer, auf dass euch Barmherzigkeit erwiesen werde.

109:6 Euch euer Glaube und mir mein Glaube.

1248 – Anas, Allahs Wohlgefallen auf ihm, berichtete: Der Gesandte Allahs, Allahs Segen und Heil auf ihm, sagte: „Begrüßen euch die Leute der Schrift und wünschen sie euch Frieden, dann sagt ‚gleichfalls'!"

1531 – 'A'ischa, Allahs Wohlgefallen auf ihr, berichtete: Der Gesandte Allahs, Allahs Segen und Heil auf ihm, sagte: ‚Es gibt unter den Menschen solche, die von Allah am wenigsten geliebt werden, und diese sind diejenigen, die zank- und streitsüchtig sind.'"
Ausschnitte aus dem Heiligen Koran (neue Rechtschreibung)

Wenn man diese Zeilen liest, muss man sich doch als Gläubiger einer westlichen Zivilisation schon fragen, was denn diverse Terrorgruppen hier nicht so ganz richtig verstanden haben, denn hier steht nichts von „tötet die, die anderen Glaubens sind". Wir müssen uns also fragen, was denn wirklich ihre Motive für solche Gewalttaten sind. Sicherlich nicht alleine die Fehlinterpretationen eines Buches.

An dieser Stelle möchte ich mich gleich für den folgenden Vergleich entschuldigen, er hilft jedoch zum Verstehen der Thematik. Man kann diese Thematik sehr gut mit einer Hauskatze erklären. Nehmen wir mal an, Sie besitzen eine ganz liebe Schmusekatze, die keiner Fliege etwas zuleide tun könnte, und „treiben diese in die Enge", indem Sie sie zu fest drücken, dann werden Sie feststellen, dass aus der lieben Schmusekatze plötzlich ein bissiges und gefährliches Individuum wird, was mit allen Mitteln versuchen wird, sich aus Ihrer Umklammerung zu befreien, selbst wenn das für Sie Schmerzen bedeuten wird. Sie kann nicht mehr anders. Wenn Sie das Gleiche unabsichtlich machen, indem Sie sich auf eine Decke setzen, unter der die Katze liegt, wird sie auch schnell zum „Untier".

Vielleicht haben wir westlichen Länder uns mit unserem Verhalten schon vor Jahren auf diese „Katze" draufgesetzt und jetzt will sie sich halt befreien. Wir wissen nicht, was wir getan haben, zumindest wollen wir es nicht einsehen, was diesen Krieg wirklich ausgelöst hat. Jedoch sollten wir nicht einfach hergehen und behaupten, unsere Version der Wahrheit ist die rechte. Denn dieser „Schrei" nach Befreiung von unseren Fesseln ist nicht mehr zu überhören. Aber wir nehmen halt den Gehörschutz in die Hand und bomben fleißig weiter irgendeinem islamitischen Land die Hucke voll. Wie lange wollen wir das Spielchen noch treiben? Hier ist es schwer abzuschätzen, wer auf dem längeren Ast sitzt, doch jeder sägt fleißig an dem des anderen.

Wie weit wollen wir uns noch in unserer persönlichen Freiheit einschränken, indem wir zulassen, dass unsere Politiker aus unseren schönen Ländern Überwachungsstaaten machen und man alles und jeden rund um die Uhr beobachten, abhören und filmen kann. Übrigens, orten kann man uns jetzt schon fast immer und überall auf der Welt, solange wir nur unser Handy eingeschaltet und bei uns haben. Das Ganze nennt sich „Trianguläre Peilung", bei dieser wird von drei verschiedenen Standorten (Handymasten) aus das Handy des Gesuchten „angesprochen" und die Zeit, bis dieses auf den Ruf reagiert, gemessen. Im Anschluss schicken diese Standorte noch untereinander ein Signal und messen die Zeit des Abschickens und des Empfanges von jenen. Da diese Standorte ja ihre eigene Position kennen, werden nun drei Kreise konzentrisch um die Standorte gezogen, welche die Zeit des Signals zum Handy widerspiegeln. Und am Schnittpunkt dieser Kreise befindet sich das gesuchte Handy.

Tja, in der heutigen Zeit, wo den meisten ihr Handy hoch und heilig ist und wir es sowieso immer und überall bei uns tragen, ist es ein Leichtes, uns immer und überall zu orten. Inwieweit diese Möglichkeit zur Überwachung unsererseits in Verwendung kommt, kann man jetzt nicht sagen, aber alleine die Möglichkeit sollte uns zu denken geben, denn wer sagt, dass das ein „Terrorist" nicht auch eines Tages machen kann und so gezielt auf „wichtige" Personen Anschläge verübt. Zum Glück ist dies sehr aufwendig und entzieht sich den Möglichkeiten von Terroristen.

Aber eines sollte uns schon klar sein. Je weiter dieser Krieg führt und je länger er dauert, umso mehr werden wir durch ihn in Mitleidenschaft gezogen und müssen Einbußen in unserer Freiheit hinnehmen, die wir doch durch die von uns getroffenen Gesetze und Methoden eigentlich beschützen wollten.

Je mehr Aufmerksamkeit wir diesen Terroristen schenken und umso mehr wir in den Nachrichten darüber zeigen und uns danach richten, desto mehr wird es werden und desto näher rückt der Sieg der Terroristen in einem Krieg, in dem es keine Gewinner und Verlierer geben kann.

Vielleicht sollten wir doch mal dem anderen zuhören, was sie denn wirklich wollen. Klar ist dies nicht so einfach, da die meisten Terroristen bereits den wirklichen Grund, aus dem sie das alles tun, schon vergessen haben und nur mehr danach trachten, den westlichen Ländern eins „auszuwischen", indem sie sich auf den heiligen Krieg und auf die Begründung „Gott will es" berufen. Komisch, diese Begründung müsste uns doch bekannt vorkommen, denn vor ein paar Hundert Jahren hat die römisch-katholische Kirche auch schreckliche Gräueltaten im Namen Gottes vollbracht. Eigentlich müssten wir diese islamitischen Fundamentalisten nur allzu gut verstehen, wenn wir uns an unsere Kriege im Namen Gottes erinnern würden.

Man kann gegen keinen „Feind" kämpfen, den man nicht sieht, noch ihn vertreiben, wenn man nicht weiß, woher er kommt und wohin er geht, noch ihn an der Ausübung von Attentaten hindern, wenn man nicht weiß, warum er dies tut.

Für was wir uns auch entscheiden, eines sollte uns bewusst sein: Im Antiterror-Krieg führt Gewalt nur zu Gegengewalt und auf der anderen Seite kämpfen genauso Menschen aus Fleisch und Blut, wie wir es sind.

Klar müssen wir uns verteidigen, aber wir können mal den Kopf aus dem Sand nehmen und nachsehen, warum die Dinge so sind, wie sie sind, und nicht immer gleich mit der größten Keule zuhauen, oder wie es manche Länder gerne betreiben: zuerst schießen und dann die Fragen stellen! Dabei kann es nämlich passieren, dass man denjenigen erschießt, der die Antwort gewusst hätte.

„Was man mit Gewalt gewinnt, kann man nur mit Gewalt behalten."
Mahatma Gandhi

„Gutes kann niemals aus Lüge und Gewalt entstehen."
Mahatma Gandhi

15. KAPITEL
Falsche Bescheidenheit

Falsche Bescheidenheit ist das Gegenstück zu falschem Egoismus. Beide veranlassen uns, nicht das zu tun, was wir möchten, das zu erreichen und das umzusetzen, was wir in unserem Innersten ersehnen bzw. wünschen.

Durch falsche Bescheidenheit sperren wir unser Inneres für all die Dinge und Wünsche, die wir im Laufe unseres Lebens ansammeln. Klar ist ein gesunder Umgang mit seinen Wünschen ratsam, denn wir sollten uns bei jedem Wunsch, den wir hegen, überlegen, ob wir dies oder jenes wirklich überhaupt haben wollen, denn oft ist es doch nur ein Drang, der Massenkauflust Genüge zu tun, damit wir auch den neuesten Trend unser Eigen nennen können, ob wir ihn brauchen oder nicht.

Meist schwimmen wir mit der Masse einfach mit, und wenn uns die Werbung etwas präsentiert, wollen wir es haben. Ob wir es wirklich brauchen bzw. haben wollen, ist hier meist Nebensache. So werden uns Wünsche in unser Unterbewusstsein gepflanzt, die wir von alleine gar nicht gehabt hätten. Und genau jetzt schlägt unsere falsche Bescheidenheit zu. Sie sagt uns, dass wir uns das doch gar nicht leisten können, dass wir so etwas nie brauchen werden. Wir fühlen uns dann schlecht. Klar, weil wir nicht dem Konsumrausch erliegen können, weil uns vielleicht die finanziellen Mittel oder die Zeit fehlen. Die passiert aber nicht nur bei Dingen, die wir nur glauben, haben zu wollen, sondern auch bei unseren tiefsten Wünschen, denn auch hier sagt eine Stimme, das kannst du dir nie leisten, oder du bist nicht gut genug für dieses und jenes. Und wissen Sie, was nun passiert? Nichts, gar nichts, außer dass Sie den Frust, den Sie haben, in sich hineinfressen und der falschen Bescheidenheit noch mehr Macht über Sie erlangen lassen.

Gehören Sie auch zu den Menschen, die in einer solchen Situation dann gerne mal Geld für eine Sache ausgeben, um sich ihren Frust regelrecht wegzukaufen, obwohl sie das Ding des Erwerbs eigentlich gar nicht brauchen? Belohnen Sie sich mit „günstigen" Schnäppchen, da Sie sich ja sonst nichts gönnen? Brauchen Sie die ganzen Dinge, die Sie so im letzten Monat gekauft haben, wirklich bzw. wollten Sie diese Gegenstände von ganzem Herzen?

Wir Menschen haben die Eigenschaft entwickelt, all die Dinge anzuhäufen, die wir gar nicht brauchen, und sind frustriert darüber, dass wir uns unsere wirklichen Wünsche nicht erfüllen können. Können wir das wirklich nicht? Haben Sie sich schon mal zusammengeschrieben, was diese „Kleinigkeiten", die Sie gar nicht wollten oder brauchten, innerhalb eines Jahres an Geld verschlingen? Wenn Sie das tun, auch wenn es nur mal ein bis zwei Monate ist, dann werden Sie wahrscheinlich eine schreckliche Entdeckung machen. Denn wenn Sie sich mal einen „wahren Wunsch", den Sie haben, vor Augen führen und sich durchdenken, was dieser kosten würde oder wie viel Zeit dieser in Anspruch nimmt, dann werden Sie dahinterkommen, dass Sie sich diesen schon längst erfüllen hätten können, wenn Sie nicht „sinnlos" Geld oder Zeit für Dinge verschwendet hätten, die Sie gar nicht brauchen oder wirklich wollten.

Warum geben Sie Geld für Dinge aus, die Sie sich gar nicht wirklich wünschen? Müssen Sie jemandem etwas damit beweisen oder haben Sie einen Vertrag unterschrieben, in dem steht, dass Sie die ganzen Dinge, die uns die Werbung oder sonst jemand einredet, kaufen müssen? Warum geben Sie nicht Ihr Geld für Dinge aus, die Sie wirklich haben wollen, oder investieren Zeit in Dinge, die Sie wirklich machen möchten? Macht Ihnen Ihr Job wirklich Spaß? Wenn nicht, warum suchen Sie sich nicht einen, der es tut? Haben Sie Angst, dass Sie nicht gut genug für einen besseren sind? Man kann nur Dinge verbessern, wenn man sie verändert! Wenn Sie sich etwas wünschen, und dies aus ganzem Herzen, dann glauben Sie an diesen Wunsch und fangen Sie endlich damit an, das zu tun, was notwendig ist, um diesen Wunsch zu erfüllen. Selbst der längste Weg fängt mit dem ersten Schritt an!

Wenn Sie natürlich weiter gerne frustriert sein möchten und sich Ihre wahren Wünsche nicht erfüllen sollen, weil Sie sich einreden, ich verdiene dies und jenes nicht, dann sollten Sie genauso weitermachen wie bisher.

Warum fangen Sie nicht gleich heute noch damit an, sich Ihrer Wünsche klar zu werden und Ihre Bescheidenheit mal in Urlaub zu schicken, die Ihnen die ganze Zeit weismachen will, dass Sie Ihre Wünsche nicht brauchen, dass Sie nicht gut genug sind oder Sie eh mit dem, was Sie haben, alles besitzen, was Sie je brauchen.

Sicherlich sollen Sie jetzt aber auch das wertschätzen, was Sie bereits besitzen. Erfreuen Sie sich daran, aber stellen Sie sich vor, was Sie gerne verändern möchten, und gehen Sie es an! Sie sind es wert, dies und jenes zu erreichen!

„Unsere Wünsche sind die Vorboten der Fähigkeiten, die in uns liegen, Vorboten desjenigen, was wir zu leisten imstande sein werden."
　　　　　Johann Wolfgang von Goethe

„Falsche Bescheidenheit ist die schicklichste aller Lügen."
　　　　　Nicolas-Sébastien de Chamfort

16. KAPITEL
Geldsorgen?

Sicher ein Thema in der heutigen Zeit, über das viele ein Liedchen singen können. Denn wer heute keinen Kredit für irgendetwas aufgenommen hat, ist ja sowieso komisch, oder? So schön und einfach ist es doch, zu seiner Bank zu gehen und sich ein Auto zu leasen oder einen Konsumkredit für den nächsten Urlaub oder die Wohnungseinrichtung aufzunehmen. Gehören Sie auch zu den Leuten, die immer alles auf Kredit beim Versandhaus kaufen, weil es ja so bequem ist und der Klick auf die Schaltfläche „Kaufen" bzw. „Bestellen" ja viel schneller und spontaner geht, als einen Bestellschein auszufüllen und zur Post zu bringen, denn dann könnte man noch zum Schluss draufkommen, dass man das eine oder andere Ding doch nicht braucht oder kaufen sollte, weil es die Finanzen nicht zulassen?

Sehr vielen Menschen heute geht es so! Das große Problem bei der Sache ist, dass man den Überblick dadurch sehr schnell verlieren kann und schnell weit über seine Verhältnisse einkauft.

Wenn man schon bereits sehr knapp bei Kasse ist und dann noch zusätzliche Belastungen auf einen zukommen, fängt die Abwärtsspirale erst so richtig an, denn ab diesem Zeitpunkt wäre es angebracht, auf alles zu verzichten, was nicht unbedingt notwendig zum Überleben ist, um seine Schulden schnell in den Griff zu bekommen. Das große Problem bei der Sache ist, was Sie vielleicht auch kennen, dass, wenn Sie tief in der Kreide stehen und Sie sich eh nichts gönnen, Sie sich oft dabei ertappen, wenn Sie sich mal wieder etwas kaufen, weil Sie sich ja sonst nichts gönnen. Und schwups – ist wieder ein Batzen Geld verschwunden. Das wäre ja nur halb so schlimm, wenn Sie sich wenigstens über das, was Sie sich kaufen, auch freuen und das Geld für diese Sache gerne ausgeben würden. Geben Sie gerne Geld für eine Sache aus, die Sie gerne haben möchten, obwohl Sie wissen, es sich eigentlich nicht leisten zu können? Freuen Sie sich wirklich über das erworbene Gut? Sie sollten es auf alle Fälle tun, denn wenn Sie etwas kaufen und sich dabei schlecht fühlen und dann auch noch keine Freude an dem Erworbenen haben, werden Sie sehr rasch anfangen, unbewusst das Einkaufen und Geld ausgeben für etwas Schlechtes zu halten, und Sie werden sich irgendwann nie mehr mit Freude einen Wunsch erfüllen können! Wenn Sie sich also etwas kaufen möchten, überlegen Sie sich ernsthaft, ob Sie diese Sache wirklich brauchen können und sie später auch noch Sinn hat. Es gibt hierfür eine einfache Methode, die Ihnen helfen kann zu entscheiden, ob Sie etwas wirklich brauchen oder wollen.

Wenn Sie sich das nächste Mal etwas kaufen möchten, stellen Sie sich doch eine einfache Frage: Würden Sie sich diese Sache auch zum doppelten oder dreifachen Preis kaufen? Wenn Sie darauf sagen müssen: „Ja, es hilft nichts, ich brauche das Ding, zum Beispiel Zahnpasta, Brot, eine Autoreparatur und so weiter", dann wissen Sie, dass Sie diese Sache brauchen, um Ihren Lebensunterhalt zu bestreiten, natürlich sollten Sie hier auch die verschiedenen Produkte miteinander vergleichen, denn oft ist nicht immer das günstigere die bessere Wahl. Oft können Sie die weiteren Kosten teurer kommen als die Anschaffung des etwas teureren Produkts.

Wenn Ihre Antwort bei dieser Frage „Egal, was es kostet, ich will das Ding haben" ist, dann können Sie auch davon ausgehen, dass Sie es wirklich wollen, wenn Sie bereit sind, auch den doppelten oder dreifachen Betrag dafür zu bezahlen.

Mit dieser Methode können Sie, wenn Sie sie immer anwenden und sich nicht selbst dabei belügen, eine Menge an sinnlosen Impulskäufen verhindern!

Es gibt in der heutigen Zeit so viele Möglichkeiten, an Geld und auch an sehr, sehr viel Geld zu kommen, die Frage ist immer nur: Will man das überhaupt? Wollen Sie gerne mehr Geld zur Verfügung haben oder sind Sie zufrieden mit dem, was Sie haben, und möchten Sie nie weiterkommen und sich mehr leisten können?

Viele Menschen jammern den ganzen Tag darüber, wie schlecht es ihnen doch geht und wie viel sie immer für irgendetwas zahlen müssen! Hilft ihnen dieses Verhalten wirklich weiter, um an mehr Geld zu kommen? Um es kurzzufassen: So ein Verhalten hat noch niemandem geholfen, ganz im Gegenteil, Sie versinken in Ihrem eigenen Mitleid! Und wozu? In meiner Zeit beim Bundesheer habe ich einen sehr guten Leitsatz beigebracht bekommen: R.U.F. = Ruhe bewahren, Ursache feststellen, Fehler beheben; dieser Leitsatz hat mir in meinem Leben schon oft weitergeholfen und auch bei Geldsorgen ist er bestens anzuwenden.

Hilft es Ihrer Situation, wenn Sie wegen einer Zahlung, die auf Sie zukommt, von der Sie wissen, dass Sie sich diese nicht leisten können, hysterisch herumlaufen und jammern, dass Sie sich das nicht leisten können? Alles hat eine Ursache, auch eine Rechnung, denn ohne Ihr Einverständnis hätten Sie sie nicht erhalten. Ja, mit Ihrem Einverständnis! Jetzt werden Sie sicher sagen, aber den Strafzettel für zu schnell fahren habe ich nicht mit meinem Einverständnis bekommen. Doch, denn indem Sie zu schnell gefahren sind, haben Sie damit Ihr Einverständnis gegeben. Wie ich bereits in einem früheren Kapitel erwähnt habe, ist es wichtig, dass Sie für Ihre Taten und Handlungen die Verantwortung übernehmen und aufhören, irgendjemand anderem als sich die Schuld für irgendetwas zu geben. Ja, auch an Ihrer finanziellen Situation, ob sie gut oder schlecht aussieht, haben Sie Schuld bzw. sind dafür verantwortlich. Und niemand sonst, weder das Finanzamt, das eine Steuernachzahlung von Ihnen haben will, der Vermieter, der die Betriebskosten erhöht, oder der Polizist, der Ihnen einen Strafzettel wegen Falschparkens ausgestellt hat! Sie alleine haben es in der Hand, auch Ihre Finanzen.

Warum fangen Sie nicht einfach damit an, sich immer die Frage zu stellen: „Was bringt mir das, wenn ich das jetzt tue oder kaufe?" Natürlich müssen Sie sich zuvor dafür entscheiden, mehr Geld in ihr Leben zu lassen oder einen besseren Job zu finden oder

Ihre Schulden zurückzubezahlen. Welches Ziel Sie auch immer verfolgen, Sie müssen sich entscheiden, es erreichen zu wollen, und dann müssen Sie nur Ihren Allerwertesten zusammenkneifen und das tun, was notwendig ist, um es zu erreichen.

Zu Hause herumzuliegen und sich zu beklagen, wie schrecklich alles ist, und sich immer den Kontoauszug vor Augen zu halten, wie hoch Ihr *Soll* ist, bringt Sie nicht weiter, Sie werden sich dadurch nur tiefer in den Schlamassel hineinziehen.

> *„Dem Geld darf man nicht nachlaufen,*
> *man muss ihm entgegenkommen."*
> Aristoteles Onassis

> *„Der Weg zum Reichtum hängt hauptsächlich an zwei Wörtern:*
> *Arbeit und Sparsamkeit."*
> Benjamin Franklin

> *„Je mehr Vergnügen du an deiner Arbeit hast,*
> *umso besser wird sie bezahlt."*
> Mark Twain

> *„Geld stinkt nicht."*
> Titus Flavius Vespasianus

Geld ist nichts weiter als eine tauschbare Energie. Sie ist weder gut noch böse. Sie ist das, was Sie daraus machen. Sehen Sie Geld nicht als Ihren Feind, sondern als Freund, der Ihnen hilft, sich Ihre Wünsche zu erfüllen.

Um Geld zu verdienen, müssen Sie auch bereit sein zu investieren, sei es Geld oder Zeit, und haben Sie stets Ihr Ziel vor Augen und stellen Sie sich schon jetzt vor und fühlen Sie sich so, als ob Sie es bereits erreicht haben!

Es liegt nur an Ihnen! Es ist Ihre Entscheidung und Ihre Verantwortung, Geld zu verdienen und zu besitzen.

17. KAPITEL
Politik

Politik – was ist das eigentlich? Nun, Politik leitet sich ursprünglich aus dem griechischen Begriff „Polis" ab, der für Stadt bzw. Gemeinschaft steht. Er bezeichnet nichts weiter als auf ein bestimmtes Ziel gerichtetes Verhalten. Der Begriff fällt immer in Zusammenhang, wenn eine Gruppe von Leuten die Ordnung bzw. Richtlinie für eine Region oder Land bestimmen.

Leider verstehen viele Leute und auch Politiker Politik als die Zerredung von Themen, um letztendlich einen Kompromiss zu schnüren, der keiner der Parteien passt und noch weniger den Bürgern, nur um der Linie der parteilichen Ausrichtung gerecht zu werden, anstatt für das Wohl der Gemeinschaft zu handeln, unabhängig von den eigenen politischen Interessen.

Es wird oft sehr viel geredet, obwohl man gar nichts sagt. Wenn Sie zum Beispiel einem Politiker im Fernsehen bei einem Interview zuhören und die Fragen der Reporter mit den Antworten der Politiker vergleichen, werden Sie dahinterkommen, dass sie fast nie die eigentliche Frage beantworten.

Beobachten Sie doch mal eine Gemeinderatssitzung in Ihrer Heimatstadt, Sie werden, sollten Sie aus der Privatwirtschaft kommen, sehr schnell feststellen, dass wenn Sie so in Ihrem Unternehmen über Probleme und Lösungen sprechen, bald gefeuert würden! Denn man geht das eigentliche Problem meist nicht an, sondern palavert um den „heißen Brei" herum und versucht, die eigene Partei mal in Positur zu rücken, um im passenden Moment entweder als großer Problemlöser oder als jener dazustehen, der das Sagen hat, wie es gemacht wird.

In den meisten westlichen Ländern gibt es Minister. Das sind Leute, die für irgendein Ressort in ihrem Land die Verantwortung haben. Ist Ihnen eigentlich klar, was das Wort „Minister" bedeutet? Minister kommt aus dem Lateinischen und bedeutet „Diener", in diesem Fall der „erste Diener", und nicht „ich mache alles zum Wohle meiner Partei und meiner selbst". Leider gibt es nicht mehr viele wirkliche „Diener" eines Volkes in der heutigen Welt.

An dieser Stelle möchte ich Sie fragen, ob Sie der Meinung sind, den Job besser machen zu können als die Politiker in Ihrer Gemeinde, Stadt oder Land? Wenn ja, dann tun Sie es doch! Wenn Sie etwas verändern möchten und Ihnen wirklich die Interessen der Menschen am Herzen liegen, dann setzen Sie sich dies als Ziel. Doch seien Sie gewarnt, zu führen heißt auch oft, Entscheidungen treffen zu müssen, die „Ihr Volk" nicht verstehen wird oder will, obwohl es zu seinem Besten geschieht. Jetzt könnte man sicher sagen, ja, das machen unsere Politiker doch andauernd bei uns. In manchen Fällen mag das auch zutreffen, aber das ist in der heutigen Zeit eher selten geworden. Doch zum Glück gibt es immer noch Menschen, die ein politisches Amt bekleiden und sich wirklich für das Wohl der Menschen einsetzen.

Politiker, die die Politik der Politik wegen betreiben und einfach nur ihren Job machen, denken nur wenig an die wirklichen Bedürfnisse der Menschen.

Glauben Sie zum Beispiel, dass es einem Land besser gehen würde, wenn jeder Bürger Geld vom Staat geschenkt bekommen würde? Glauben Sie, dass immer nur die Kleinen geschröpft werden und die „Reichen" es steuerlich besser haben? Glauben Sie auch alles, was die Politik zu verschiedenen aktuellen Themen sagt, bzw. diesbezüglich Gesetze entschließt?

Wenn Sie all diese Fragen mit „Ja" beantworten konnten, haben Sie zwei Möglichkeiten: 1. Sie laufen weiter mit Scheuklappen durch die Welt oder 2. Sie versuchen, die Politik zu verstehen, damit Sie sich das herausholen können, was für Sie wichtig und sinnvoll ist.

Es ist sicherlich nicht leicht, Politiker zu sein, und sie verdienen auch bestimmt für ihre Position angemessen, selbst wenn sich die Vorstellungskraft bei so manchen Einkommen sofort verabschiedet. Der Grund dafür ist eigentlich ganz einfach.

> *„Geld macht nicht korrupt, kein Geld schon eher."*
> Dieter Hildebrandt

Und es gibt wohl nichts Schlimmeres als korrupte Politiker. Das Wichtigste in der Politik sollte die Ehrlichkeit sein, nicht anderen Politikern gegenüber, sondern sich selbst, aus welchen Gründen man diesen Job ausübt und wem man damit dient.

Auch hier passt dieses Zitat sehr gut:

> *„Frage nicht, was dein Land für dich tun kann,*
> *sondern was du für dein Land tun kannst."*
> John Fitzgerald Kennedy

Aber erst wenn Ehre, Rechtschaffenheit, Würde, Loyalität und Ehrlichkeit wieder in der Politik ihren Platz gefunden haben, wird die Menschheit erkennen, welche großartigen Leistungen zu vollbringen sie imstande ist, wenn sie dem Wohl aller dient und nicht nur dem eines Einzelnen.

18. KAPITEL
Wahnsinn oder Genie?

Diese Frage muss man sich in der heutigen Welt sehr oft zu verschiedensten Erfindungen oder Taten mancher Menschen stellen. Dabei spielt aber immer der eigene Standpunkt eine Rolle und ob man von der Erfindung oder Tat direkt oder indirekt einen Nutzen hat.

Ein Paradebeispiel dafür ist sicher die „Nutzung des Atoms". Viele Menschen verdanken ihm Strom zu erschwinglichen Preisen. Fragt man aber die Menschen von Hiroshima und Nagasaki, auf deren Städte am 6. und 9. August 1945 von Bombern der US Air Force Atombomben abgeworfen wurden, werden sie sicher nichts Gutes über die Nutzung des Atoms berichten können. An dieser Stelle werden Sie sich vielleicht denken: „Ja klar, das Militär nutzt ja alles zum Bösen!" Falls dies der Fall ist, muss ich Sie leider enttäuschen, denn ohne das Militär wäre unsere Zivilisation sicher nicht dort, wo wir heute mit unserer Technologie sind. Wussten Sie zum Beispiel, dass wir das Internet eigentlich dem Militär zu verdanken haben?

Nirgendwo anders wird so viel Geld in die Forschung gesteckt wie in die Rüstungsindustrie! Es dauert zwar immer einige Jahre, aber letztendlich profitieren wir fast immer von neuen Erfindungen im Rüstungsindustriebereich, da früher oder später Teile von Technologien auch einem zivilen Nutzen zugeführt werden, um daraus Kapital zu schlagen. Besonders der Kalte Krieg brachte uns technologisch extrem weiter. Paradebeispiel hierfür ist sicher das Raumfahrtprogramm. Denn sobald ein Wettbewerb vorhanden ist, spornt das die Kontrahenten zu noch besseren Ergebnissen an. Seit dem Ende des Kalten Krieges ist das Raumfahrtprogramm, besonders der USA, fast zum Stocken gekommen. Alleine hätte keine Großmacht der Welt das ISS-Projekt (Raumstation, die von vielen Nationen gebaut und betrieben wird) in der jetzigen Zeit mehr realisieren können.

Es ist sicher, dass wenn der Kalte Krieg noch länger angedauert hätte, die Wahrscheinlichkeit, dass wir schon Menschen auf den Mars geschickt hätten, sehr groß wäre. Seit dem 14. Dezember 1972 war Eugene Cernan (Kommandant der Apollo 17) der letzte Mensch, der seitdem den Mond betreten hat. Warum schicken wir heute niemanden mehr auf den Mond oder bauen Städte darauf? Durch die immer voranschreitende Globalisierung gibt es keine Notwendigkeit von so einem starken Konkurrenzdenken mehr, der einen solchen Aufwand rechtfertigen würde. Aber warum haben wir dann unzählige Leben wie bei der Entwicklung und Versuchen für die Trägerraketen „sterben lassen" bzw. geopfert, wenn wir heute ihre Leistungen nicht damit würdigen, auch weiter an dem Traum der Menschheit zu arbeiten, eines Tages auf einem anderen Planeten als der Erde leben zu können? Was war es? Ein temporärer Anfall von Wahnsinn oder Genialität, der uns damals zu solchen Höchstleistungen anspornte.

Es gibt unzählige Beispiele für diese Frage. Sehen Sie sich doch mal in Ihrer näheren Umgebung um! Sie werden sicher auch ein Beispiel finden, denn es ist eigentlich nur eine Frage der Notwendigkeit, ob Menschen etwas Geniales oder Wahnsinniges machen. Wir sprechen meist dem Wahnsinn das Böse und dem Genie das Gute zu. Wie jedoch üblich in der Natur gibt es für alles ein Gegenstück (Yin und Yang, Gut und Böse, Mann und Frau, warm und kalt und so weiter) und genauso verhält es sich in unserem Fall auch. Das eine kann ohne das andere nicht sein. Es kann niemals Wohlstand auf der Erde geben, wenn es nicht auch Armut gibt! Was wäre denn der verdiente Feierabend, wenn man nie zuvor untertags gearbeitet hätte. Wir brauchen das Gleichgewicht von Dingen und genauso auch von Genie und Wahnsinn. Man muss schon etwas „wahnsinnig" sein, um auf dieser Welt eine Idee, die revolutionär ist, durchzusetzen, besonders dann, wenn man andere dadurch auf dem Markt verdrängen würde, aber ohne diesen Wahnsinn, es einfach zu tun, würde eine geniale Idee nichts wert sein. Denn wir könnten nie davon profitieren! Doch die Menschheit lebt nun mal von den Erfindungen weniger! Und alle davon hatten von beidem etwas!

> *„Genie ist kontrollierter Wahnsinn."*
> Andreas Tenzer

> *„Es gibt kein Genie ohne einen Schuss Verrücktheit."*
> Aristoteles Onassis

> *„Genie und Wahnsinn sind eng verbunden."*
> Edgar Allan Poe

In jedem von uns steckt etwas von beidem, nur wie bei allem in der Natur ist es an uns, das Gleichgewicht der Dinge zu finden, damit wir aus allem den maximalen Nutzen ziehen können, ohne uns dabei zu schaden.

Wenn wir dem Wahnsinn nur etwas mehr Genialität anlasten würden, könnten wir ohne großen Aufwand viele Probleme der heutigen Zeit lösen, denn es fehlt oft nur ein Quäntchen Genialität, um die Dinge für uns zum Guten zu wenden. Und eines können Sie sich sicher sein; an Wahnsinn fehlt es uns sicher nicht! Wir trauen uns nur nicht, die Energie zu nutzen, indem wir unsere Genialität dem schon Vorhandenen beigeben! Es ist alles nur eine Frage des Gleichgewichts.

19. KAPITEL
Götter? Ärzte, Banken und Co.

Es hat sich über Jahrzehnte, wenn nicht Jahrhunderte oder sogar Jahrtausende eine sehr obskure Meinung über diverse Berufsgruppen bzw. Institutionen gebildet, in der viele von uns dem Glauben anhängen, dass wenn diese etwas sagen, diagnostizieren oder feststellen, es der Weisheit letzter Schluss sei und Fehler wie in einem witzigen Reglement, das wie folgt aussieht, behandelt werden: 1. Die oben angeführten Personen oder Institutionen haben immer recht! 2. Sollten die oben angeführten Personen oder Institutionen nicht recht haben, tritt Regel Nummer 1 in Kraft.

Schon komisch, wir leben doch in einer Zeit, in der wir solchen „Aberglauben" doch wirklich nicht mehr nötig haben, oder? Im Mittelalter war dies klar, da musste man ja das Volk mittels Unterdrückung und Einschüchterung unter Kontrolle halten. Aber heute gibt es dafür doch viel bessere Methoden, wie wir ja aus einem früheren Kapitel bereits wissen.

Warum meinen dann immer noch Leute, dass diese Personen unfehlbar sind? Ärzte haben ja auch den Beinamen „Götter in Weiß". Im Mittelalter wäre man für eine solche Äußerung als Ketzer auf dem Scheiterhaufen verbrannt worden und das Volk hätte sich wieder anhören müssen, dass es nicht genug Holz gebe, um alle Ketzer dieser Welt zu verbrennen.

Jedem von uns wohnt etwas Göttliches inne, aber das heißt noch lange nicht, dass Ärzte Götter in persona sind und schon gar nicht unfehlbar.

Arzt zu sein in unserer heutigen Zeit ist sicherlich ein harter Job, der ohne wirkliche Hingabe sicherlich nicht ohne extreme private Einbußen zu erledigen ist. Denken wir doch mal an die Ärzte in Krankenhäusern, die oft Schichten über 24 Stunden machen und wir dann von ihnen noch erwarten, bei jedem Eingriff zu 100 % bei der Sache zu sein. Haben Sie schon mal probiert, 24 Stunden am Stück oder noch länger zu arbeiten, wie es viele Ärzte machen müssen? Probieren Sie es doch mal aus, dann verstehen Sie sicher, was an so einem Job so schwierig ist.

Sie müssen verstehen, dass Ärzte nichts weiter sind als Menschen aus Fleisch und Blut, genauso wie Sie und ich. Und das ganze Fachchinesisch ist nichts weiter als angelernt, wenn Sie Medizin studieren, haben Sie auch das ganze Wissen und die Sprache drauf, von der diese weiß bekittelten Personen immer daherreden. Ganz grob gesagt, ist ein Arzt nichts anderes als ein Mechaniker für das „Auto Mensch". Und ich bin mir sicher, dass Sie sich die Werkstatt für Ihr Auto sehr wohl aussuchen und wissen, dass es gute und schlechte Werkstätten gibt! Oder etwa nicht? Warum also führen Sie Ihr Auto einer besseren Behandlung zu als sich selbst. Sie haben Ihren Körper wesentlich länger als Ihr Auto! Und bei den Ersatz- oder Serviceteilen überlegen Sie sich ja schließlich auch, für welche Marke oder Fabrikat Sie sich entscheiden? Genauso ist es auch bei der Medizin. Hinterfragen Sie die Medikamente, die Ihnen Ihr Arzt verschreibt, ob es dafür nicht etwas Homöopathisches gibt, das Sie verwenden können. Wenn es Ihr Zustand erlaubt, ist dies sicher die bessere Lösung, als sich weiß Gott was in Ihren Körper zu schaufeln. Es gibt leider auch viele Ärzte, die verschreiben ein Medikament nicht dem Patienten zuliebe, sondern eher ihrer Brieftasche, denn sie verdienen natürlich daran, wenn sie ein bestimmtes Medikament genau von dieser und jener Firma verkaufen. Und dann kommt es manchmal auch noch vor, dass Patienten zu viele Medikamente erhalten, die sich auch noch untereinander gar nicht vertragen. Ich habe aus eigener Erfahrung genau aus diesem Grund fast ein Familienmitglied verloren. Das Groteske an der Sache ist, dass es dafür sogar einen eigenen Ausdruck gibt. Ich weiß nicht, was schlimmer ist, dass Medikamente verschrieben werden, die nicht zusammenpassen, oder dass es so oft vorkommt, dass es sogar einen Begriff dafür gibt!

Wie auch immer. Sie werden sich ja auch nicht den Auspuff eines anderen Fabrikats an Ihr Auto montieren, nur weil er billiger ist oder Ihnen das Ihre Autowerkstatt empfohlen hat, oder etwa doch? Seien Sie etwas skeptischer in Bezug auf Medikamente bzw. auf das, was Sie Ihrem Körper zumuten! Sie können ja auch in Ihrem Bekanntenkreis fragen, zu welchem Arzt sie gehen und wie dieser verschiedene Dinge so handhabt. Es gibt immer solche und solche. Aber stellen Sie sich mal eine Frage: „Bei welchem Patienten macht ein Arzt mehr Profit, bei einem, dem er auf lange Sicht hilft und die Ursache einer Krankheit heilt, oder einem, dem er immer helfen kann, die Auswirkungen einer Krankheit zu bekämpfen?" An dieser Stelle möchte ich nochmals betonen, dass ich keinem Arzt unterstellen möchte, nicht im Sinne der Patienten zu handeln! Ich habe selbst jedoch die Erfahrung machen müssen und habe diese auch von sehr vielen Menschen, mit denen ich zu tun habe, vernommen, dass man seinen Arzt schon einmal etwas näher betrachten sollte! Schaden kann es auf keinen Fall.

„Der alte Arzt spricht lateinisch, der junge Arzt englisch.
Der gute Arzt spricht die Sprache des Patienten."
Ursula Lehr

„Der beste Arzt ist die Natur, denn sie heilt nicht nur viele Leiden,
sondern spricht auch nie schlecht von einem Kollegen."
Ernst Ferdinand Sauerbruch

„Die Ärzte haben es am besten: Ihre Erfolge laufen herum und
ihre Misserfolge werden begraben."
Jacques Tati

„Die Praxis manchen Arztes sollte man lieber Theorie nennen."
Erhard Blanck

Bei Banken würde ich auch ähnlich verfahren. Wenn Sie etwas von einer Bank benötigen, würde ich mir auch mehrere Alternativen zumindest ansehen, um wirklich den Service beurteilen zu können. In Zeiten von Internet und immer mehr Einsparungen, besonders von Personal, zur Maximierung von Profit ist es natürlich nicht immer einfach, gute und wirklich kundenorientierte Beratung zu erhalten, da viele Mitarbeiter von Banken gewisse „Solls" zu erfüllen haben. Das heißt, sie müssen aus verschiedenen Sparten pro Monat oder Quartal gewisse Stückzahlen an verschiedenen Produkten an den Mann bringen, um nicht Gefahr zu laufen, ihren Job zu verlieren. Nur wer heutzutage Umsatz für ein Unternehmen erwirtschaftet, kann sich seines Jobs sicherer sein als jene, die zu wenig Umsatz machen! Kundenorientierte Beratung ist heute wichtiger als je zuvor, da sich der „gemeine Kunde" in dem ganzen Banken-, Versicherungs-, Bausparkassen- und Behörden-Wirrwarr alleine nicht mehr zurechtfinden kann. Viele Unternehmen haben dies erkannt und bieten nun nicht mehr nur Produkte ihrer Sparte an, sondern auch spartenfremde. Sie können heute auf Ihrer Bank vom Kredit über das Girokonto, die staatliche Altbauförderung bis hin zur Versicherung für Ihr Auto oder Ihr Leben alles bekommen. Auch Versicherungen bieten immer mehr Sparformen an, die eigentlich in das Ressort der Banken gehören würden. Und Behörden haben ihre Verantwortlichkeit über die Informationen von Förderungen oder Subventionen gleich an alle Finanzdienstleistungsunternehmen abgegeben, möchte man zumindest meinen, denn von jenen erfährt man schneller, auf was man Anspruch hat, als von ihnen selbst.

Wie kann man also sicher sein, bei welchen Banken, Versicherungen, Bausparkassen, Versicherungsagenten, Versicherungsmaklern, Vermögensberatern oder sonstigen Finanzdienstleistern man am besten aufgehoben ist?

Die Frage ist eigentlich ganz einfach zu beantworten: Wenn Sie als Mensch und Person im Mittelpunkt einer Beratung stehen, wenn Sie nach Ihren Zielen und Wünschen beraten und betreut werden und Sie einen fixen Ansprechpartner haben, sollte sich an Ihrer Situation etwas ändern, dann ist die Wahrscheinlichkeit groß, den Richtigen gefunden zu haben.

Erinnern Sie sich noch an das Kapitel „Zu viele Köche verderben die Suppe"? Auch hier ist dies ein wichtiger Punkt. Sie sollten sich einen kompetenten Berater bzw. Betreuer suchen, zu dem Sie Vertrauen haben und der Ihre Ziele und Wünsche in den Vordergrund einer Beratung stellt und nicht deren „Solls" oder Verkaufsprovisionen.

Eines sollten Sie aber auch bedenken, Service kostet Geld und auch diese Berater müssen von etwas leben, also zerpflügen Sie nicht jeden Cent, denn das Gesamtergebnis ist entscheidend und nicht, ob Sie drei Cent für ein Produkt mehr bezahlen als bei einem anderen.

Bei sogenannten „Unabhängigen" sollte man sich auch immer erklären lassen, mit wem sie denn wirklich aus welchem Grund zusammenarbeiten. Denn wenn ein Finanzdienstleistungsunternehmen mit unzähligen Unternehmen zusammenarbeitet, wie zum Beispiel mit über hundert Versicherungsunternehmen, stellt sich die Frage: Wie kann man wirklich aus so vielen Unternehmen genau das Richtige für einen heraussuchen? Selbst in Zeiten der Computer wäre dies ein zu großer Aufwand, der sich für das Gesamtbild nie rechnen würde. Von dem einmal abgesehen, zahlen die einen ja besser als die anderen und des Öfteren ist dies halt der entscheidende Grund für eine Auswahl. Ist man hier dann wirklich so unabhängig, ja klar, laut Definition schon, aber das Ergebnis ist dasselbe, als ob ich mich selbst auf die Suche gemacht hätte. Oft ist es wesentlich besser, wenn die Auswahl der Kooperationspartner auf wenige beschränkt wird, um dem Kunden einen besseren Service bei der Abwicklung und sonstigen Angelegenheiten bieten zu können. Und bei solchen Unternehmen kann man sich schnell erklären lassen, warum sie mit dieser Bank, Versicherung oder Bausparkasse zusammenarbeiten.

„Bankier: ein Mensch, der seinen Schirm verleiht, wenn die Sonne scheint, und ihn sofort zurückhaben will, wenn es zu regnen beginnt."
Mark Twain

„Wenn Sie einen Schweizer Bankier aus dem Fenster springen sehen, springen Sie hinterher. Es gibt bestimmt etwas zu verdienen."
Voltaire (François Marie Arouet)

Es liegt an Ihnen, inwieweit Sie mehr aus Ihrer finanziellen und Ihrer gesundheitlichen Situation machen, aber seien Sie nicht immer gleich mit dem Ersten zufrieden, das Ihnen geboten wird.

Erkundigen Sie sich über mehrere Möglichkeiten, sodass Sie sicher sind, die richtige Entscheidung getroffen zu haben. Haben Sie sich erst mal entschieden, sollten Sie dann aber auch Ihrem Arzt oder Finanzdienstleister vertrauen, um Ihnen leichter und vor allem schneller helfen zu können.

Im Mittelpunkt des Interesses sollten jedoch immer Sie als Mensch mit Ihren Zielen, Wünschen, Problemen und Sorgen stehen und niemals die Umsatz- oder Profitgier von „falschen Göttern".

20. KAPITEL

Die Frage nach dem „wer ist wer".

Diese Frage kann man in vielen Fällen unserer heutigen Zivilisation gar nicht mehr so genau in Bezug auf Mann und Frau beantworten, da die Aufgabenverteilung nicht mehr nach Fähigkeiten und Fertigkeiten, sondern nach gesellschaftlichem Status vorgenommen wird und eine starke Verwischung der Kompetenzen erfolgt ist. Frauen streben danach, Jobs von Männern zu übernehmen, als ob sie sich etwas beweisen möchten, und Männer übernehmen Tätigkeiten, die ihre Fähigkeiten und Nerven komplett übersteigen. Die Evolution hat der Spezies Mensch nicht nur zwei verschiedene Geschlechter verpasst, um reproduzieren zu können! Nein, das wäre mit nur einem Geschlecht auch möglich, siehe diverse Tierarten. Die Evolution bzw. die Natur hat dem Menschen deshalb zwei Geschlechter gegeben, um die Aufgaben, die eine Familie bewältigen muss, auch optimal bewältigen zu können. Das ist zum Beispiel der Grund, warum Frauen ein besseres oberflächliches Wahrnehmungsvermögen haben als Männer. Sie müssen ja auf den Nachwuchs achtgeben und nebenbei auch noch andere Dinge des täglichen Bedarfs erledigen. Männer sind hingegen für eine solche Aufgabe erdenklich schlecht gerüstet, da ihr Wahrnehmungsvermögen sehr punktuell ist, dies ist auch der Grund, warum die Behauptung „Frauen können nicht einparken" entstanden ist. Sie haben kein so gutes Tiefenwahrnehmungsvermögen wie der Mann. Es gibt viele Beispiele, an denen man erkennen kann, für welche Tätigkeiten der Mann besser und für welche die Frau besser geeignet ist. Aber wenn Sie hierzu nähere Informationen wünschen, gibt es viele Bücher, die dieses Thema sehr genau behandeln. Ich möchte in diesem Kapitel aber nicht zu spezifisch werden.

Es gibt sicher unzählige Gründe, warum das Geschlecht Frau derzeit so erpicht darauf ist, die Jobs von Männern zu übernehmen. Sicher ist dies auf einen großen Mangel an Anerkennung für ihre früheren Leistungen zurückzuführen, dabei kann der Job der „Hausfrau" sehr anstrengend und zeitaufwendig sein. Und dies fand nur selten Beachtung.

Aber was heute geschieht, geht wieder in die komplett andere Richtung. Es gibt Frauenquoten und so weiter. Die Männer der heutigen Zeit verhalten sich auch selten mehr wie ein Mann, denn den meisten mangelt es an Durchsetzungsvermögen und an Integrität. Heute kann man viele Männer als „Weicheier" durchgehen lassen. Kein Wunder, dass die Frauen selbst etwas mehr Kontrolle haben möchten, da sie ja fürchten müssen, dass es die Männer nicht mehr in der Hand haben, für sich und ihre Familie zu sorgen. Dadurch herrscht oft ein starker Kompensationsbedarf, welcher sich in diversen Konsumgütern widerspiegelt, die der Außenwelt signalisieren: „Hey, seht her, wie männlich und cool ich bin."

Das wäre auch nicht nötig, wenn die Männer mal zu sich und ihrer Aufgabe in der Gesellschaft stehen würden, und diese ist mit Sicherheit nicht, so viele „Weibchen" wie möglich zu begatten, um dann sagen zu können, was für ein toller „Hengst" man nicht ist! Frauen stehen dem aber in der heutigen Zeit um nichts nach, denn auch bei ihnen spricht man gerne über den nächsten Ex-Liebhaber, damit man etwas zu tratschen hat. Wirklich faszinierend! Wenn unsere Gesellschaft nicht unzählige Sicherheitsmechanismen eingeführt hätte, die uns bei Krankheit, Arbeitslosigkeit und so weiter absichern, wäre unsere Spezies wahrscheinlich schon lange vom Aussterben bedroht. Da viele von uns ohne diese nicht überleben könnten, weil sie so sinnlos mit Kompetenzen und Fähigkeiten umgehen. Stellen Sie sich vor, Sie wären Chef einer Firma und Sie müssten zwei Stellen für Ihr Unternehmen besetzen. Einmal brauchen Sie jemanden für Ihr Sekretariat und jemanden, der als Hausmeister arbeitet. So, und unabhängig vom Geschlecht bewirbt sich ein Elektriker und jemand, der eine Ausbildung als Bürokaufmann abgeschlossen hat. Wo würden Sie wen einsetzen? Genau, Sie kämen wohl kaum auf die Idee, einen Elektriker ins Büro zu setzen und jemanden, dessen liebstes Werkzeug ein Kugelschreiber ist, an Ihrem Stromverteiler werken zu lassen. Oder etwa doch? Aber genau das machen unzählige Familien, Paare und auch Unternehmen heute in Bezug auf Mann und Frau. Es gibt natürlich immer Ausnahmen, aber grundsätzlich kann man eine klare Eignung von Mann und Frau für verschiedene Berufe oder Tätigkeiten vornehmen, für was wer besser geeignet ist. Mir ist durchaus bewusst, dass manche Frauen sogar das Kinderbekommen gerne dem Manne zuschieben möchten, da viele Emanzen in der heutigen Zeit der Meinung sind, dass die Welt nur mit Frauen an der Macht viel besser wäre. Ja klar! Jedes Geschlecht hat seine Aufgaben in dieser Welt, aber wenn es nicht in der Lage ist, diese zu erkennen und zu übernehmen, stellt sich in manchen argen Fällen doch schon die Frage nach jenem Existenzgrund? Sicher ist das hart und gerade in Zeiten, in denen man den Unterschied zwischen Toleranz und Akzeptanz nicht so ganz verstanden hat und glaubt, jeden Unsinn tolerieren zu müssen, der wiederum nur zum moralischen Verfall der Gesellschaft beiträgt, ist es ganz wichtig, wieder einmal „Klarschiff" zu machen und sich auf jene Aufgaben zu konzentrieren, die er eigentlich von Mutter Natur bekommen hätte. Wir brauchen und können uns niemals beweisen, dass wir das andere Geschlecht besser verkörpern und darstellen können. Ein Mann bleibt ein Mann und eine Frau bleibt eine Frau. Und selbst durch eine Geschlechtsumwandlung bleiben die Fähigkeiten und Fertigkeiten erhalten, mit denen wir geboren wurden.

Eine Familie stellt ein Team dar! Was passiert, wenn zum Beispiel eine Fußballmannschaft nicht nur all ihren Spielern plötzlich andere Positionen zuweist, sondern auch noch hergeht und sagt, die eine Hälfte sieht zu, dass sie gewinnt, und die andere, wo auch der Torwart dabei ist, soll zusehen, dass sie ja jeden Ball ins Tor lassen? Wird diese Mannschaft jemals ein Spiel gewinnen? Warum sind vielleicht auch Sie dann der Meinung, dass Sie es beim „Spiel" Familie machen können? 50 % des Erfolges oder Misserfolges des Partners, jetzt geschäftlich betrachtet, trägt der Partner. Wenn zum Beispiel die Frau von ihrem Mann verlangt, sich auch stark an der Hausarbeit beteiligen zu müssen und untertags die Kinder spazieren zu fahren, wie soll er dann bitte sehr in seinem Beruf erfolgreich sein, wenn sie ihm nicht den Rücken frei halten, damit er sich auf seine Aufgabe konzentrieren kann? Es ist schon traurig genug, dass es viele Männer nicht mehr schaffen, mit ihrem Gehalt eine Familie zu versorgen, weil sie ihre Kohle lieber in ihr „Spielzeug" stecken, um sich als Mann zumindest fühlen zu können! Dann müssen die Frauen nicht auch noch hergehen und dem Mann dazu das traute Heim, das für die Erholung und zur Kraftgewinnung da sein sollte, zur Hölle machen. Aber genau das passiert heute zu oft. Und wie soll sich in einem solchen Umfeld dann wohl ein Kind entwickeln?

Ich denke, wir haben lange genug den „Kampf der Geschlechter" geführt, um sagen zu können, dass es keinen Gewinner oder Verlierer geben kann, denn jeder hat seine Stärken und Schwächen, doch wenn wir in der Lage sind, wie es jeder gute Sporttrainer können sollte, und unsere Stärken nützen und unsere Schwächen mit den Vorzügen des Partners kombinieren, werden wir es schaffen, jede auch nur erdenkliche Situation in unserem Familienleben zu meistern.

Mitunter sicher ein Grund, warum es so viele Scheidungen in der heutigen Zeit gibt, ist die Tatsache, dass in vielen Beziehungen nicht klar ist, wer wer ist! Und solange ein Paar nicht seine Kompetenzen klar verteilt und seine Stärken nützt, wird es früher oder später kein Paar mehr sein und das Spiel beginnt von vorne.

Wie sinnvoll ist es aber, ein Spiel zu spielen, in dem man die Regeln nicht kennt? Man wird so gut wie nie gewinnen und Erfolg haben.

Erst wenn wir uns selbst eingestehen, wer und vor allem was wir sind, und dies auch annehmen, können wir uns einen Partner suchen, mit dem man auch Glück und Erfolg im Leben erreichen kann.

Und Toleranz besteht nicht darin, einen „Affen" von der Brücke springen zu lassen, weil er denkt, er sei ein „Vogel"!

*„Weiblichkeit ist die Eigenschaft,
die ich an Frauen am meisten schätze."*
Oscar Wilde

„Der brave Mann denkt an sich selbst zuletzt."
Friedrich von Schiller

*„Flirten ist etwas, wozu Frauen immer bereit sind,
solange andere Frauen zuschauen."*
Oscar Wilde

„Nur um eine liebende Frau herum kann sich eine Familie bilden."
Friedrich von Schlegel

21. KAPITEL
Liberalismus

Liberalismus, was ist das? Wieder so ein Fremdwort, das in der heutigen Zeit oft falsch verwendet wird. Liberalismus kommt von dem lateinischen „liber" und bedeutet „frei", „liberalis" ist die „Freiheit", also eine soziologische und politische Geisteshaltung, die die individuelle Freiheit als Grundlage für die Gesellschaft ansieht. Klingt ja ganz gut, aber wird der heutige Liberalismus auch wirklich so gelebt? Was ist Freiheit eigentlich? Sie besteht sicher nicht darin, alles tun und lassen zu können, was man möchte. Freiheit ist, wenn man ohne Zwang zwischen verschiedenen Handlungsmöglichkeiten wählen kann. Das, was wir heute unter freier Wahl (jetzt nicht unbedingt im politischen Sinne gemeint) verstehen, hat meist nichts mehr mit Freiheit zu tun, da unsere Entscheidungen fast immer von anderen Faktoren, die wir nicht beeinflussen können, abhängen und somit wieder unter „Zwang" bzw. massiver Beeinflussung von anderen getroffen werden.

Wir westlichen Länder haben uns unsere „Freiheit" in Wirklichkeit nur durch eine andere Form von Kontrolle, als es an vielen Orten der Welt immer noch üblich ist, erkauft bzw. schränken wir uns selbst in unserer Handlungsfreiheit ein, da wir uns selbst von so vielen Dingen abhängig machen, ohne die wir gar nicht mehr leben bzw. überleben könnten, wie zum Beispiel Öl, Strom und so weiter. Unsere Entscheidungen sind meistens nur mehr darauf gerichtet, sich diesen Standard auch oft unter Anwendung von Gewalt zu sichern. Klar glauben wir, dass wir uns selbst dabei die Hände aber nicht schmutzig zu machen brauchen, da das ja unsere Regierungen für uns tun. Die US-Amerikaner führen einen Krieg im Irak nicht nur gegen den Terror. Denn wenn der Irak nicht über solche großen Ölvorkommen verfügen würde, wäre die weitere Präsenz der US-amerikanischen Truppen sehr fragwürdig.

Von Freiheit sind wir also sehr weit entfernt, solange wir uns immer und immer wieder von Dingen abhängig machen, die wir zum Überleben unbedingt brauchen, oder auch nicht!

Geld spielt in der heutigen Zeit meist die Hauptrolle für Entscheidungen. Erst wenn man finanziell wirklich unabhängig ist, kann man in dieser Hinsicht für sich selbst sicher sein, dass sich die Entscheidungen, die man trifft, nicht durch finanzielle Absichten lenken lassen.

Doch ab wann ist man finanziell wirklich unabhängig? Ganz einfach, sobald Sie circa eine Million Euro in eine Sparform investiert haben, die die Gewinne jährlich ausschüttet. Dann haben Sie pro Monat im Schnitt circa 2.500 Euro zur Verfügung, für die Sie nicht mehr arbeiten gehen müssen. Denn solange Sie auf Ihr monatliches Einkommen, das Sie durch Ihre tägliche Tätigkeit in einer Firma oder in der Privatwirtschaft leisten, angewiesen sind, werden Ihre Handlungen und Entscheidungen immer von einem gewissen Maß, beim einen mehr oder weniger, an finanziellen Hintergedanken beeinflusst, ob Sie wollen oder nicht und auch ob Sie das glauben oder nicht. Diese Tatsache lässt sich leider nicht so einfach aus der Welt schaffen! Aber zum Glück ist Geld ja nichts Böses, aber auch nichts Gutes! Geld ist neutral. Es ist nichts weiter als „tauschbare Energie". Ob Sie etwas Gutes oder Schlechtes daraus machen, bestimmen ganz alleine Sie! Mir ist klar, dass Sie jetzt wahrscheinlich der Ansicht sind, dass Sie eine Million Euro ja niemals zusammenbringen könnten. Wirklich? Haben Sie es denn schon mal probiert? Haben Sie sich ernsthaft mal überlegt und darüber nachgedacht, wie Sie eine Million Euro denn zusammenbringen könnten? Legal, versteht sich! *Nein?* Dann wird es aber allerhöchste Zeit, mal darüber nachzudenken! Grundsätzlich kann man dieses Ziel nur damit erreichen, indem man etwas macht, das man gerne macht! Denn wie wir aus früheren Kapiteln schon gehört haben, kann man nur mit etwas Erfolg haben, das man gerne tut. Wieso setzen

Sie sich nicht einfach hin und überlegen Sie, was dies denn ist, das Sie gerne tun würden? Und dann überlegen Sie sich, wie Sie Ihrer Umgebung, Ihrer Stadt, Ihrem Land oder der Menschheit damit helfen könnten, sich zu verbessern. Es gibt so viele Dinge, die unser Leben einfacher und besser machen könnten. Warum leisten Sie nicht einfach Ihren Beitrag dazu, indem Sie eine Ihrer Ideen, die Sie sicher haben werden, in die Tat umsetzen. Selbst der längste Weg beginnt mit dem ersten Schritt. Sie müssen dabei gar nicht wissen wie genau Sie die eine Million Euro verdienen werden, Sie müssen nur wissen, dass Sie sie verdienen werden und dies auch wollen und sich diesen Zustand bereits im Geiste als vorhanden betrachten. Das Wie kommt dann ganz von alleine. Vergeuden Sie nicht noch mehr Zeit! Sie haben es in der Hand. Übernehmen Sie die Verantwortung über Ihr Leben.

Klar beinhaltet unser „Liberalismus" auch die Möglichkeit, sich in seinen Sorgen zu vertiefen und sich über alle und jeden zu beklagen, aber bringt uns das weiter? Wenn Sie es geschafft haben, mit Jammern und sich über alles zu beklagen eine Million Euro zusammengebracht haben, lassen Sie es mich wissen! Ich bin mir sicher, dass Sie inzwischen sicherlich eingesehen haben, falls Sie dies nicht eh schon vorher gewusst haben, dass ein solches Verhalten nichts in Ihrem Leben zum Besseren wendet! Falls Sie jetzt sagen, ja, das weiß ich eh schon seit Langem, dann müssen Sie sich aber auch fragen, warum Sie die eine Million Euro noch nicht zusammenhaben? Viel Wissen, Ideen, Weisheit bringen niemandem etwas, solange derjenige, der darüber verfügt, es nicht nützt, um etwas zu verändern, um sich selbst, seinen Mitmenschen, seiner Stadt, seinem Land und der Menschheit zu helfen, besser zu werden! Aber als Erstes sollten Sie mal sich selbst helfen, indem Sie die Möglichkeit beim Schopf packen und aufhören, sich darüber zu beklagen, was Sie nicht haben. Freuen Sie sich über das, was Sie bereits besitzen, und gehen Sie es an, sich selbst Ihre Zukunft zu schaffen. Machen Sie sich frei von Dingen, die Sie abhängig machen. Denn erst dann können Sie die „Freiheit", von der wir alle reden, wirklich ausprobieren und auch nützen.

Liberalismus hat aber auch etwas mit Toleranz zu tun! Und diese besteht nicht darin, wie ich im vorherigen Kapitel bereits schrieb, das einen „Affen" von der Brücke springen zu lassen, weil er denkt, er sei ein „Vogel"!

Toleranz ist die Größe, eine Entscheidung, die ein anderer aus freiem Willen, ohne Beeinflussung oder Zwang, getroffen hat, zu respektieren.

SCHLUSSWORT

Sie haben nun in diesem Buch zu verschiedenen Themen Sichtweisen der Dinge kennengelernt, mit denen Sie mehr aus sich und Ihrer Situation machen können. Es liegt nur an Ihnen, etwas davon in die Tat umzusetzen bzw. manche Ereignisse oder Handlungen mit etwas anderen Augen zu betrachten, damit Sie Ihr Leben frei und ohne Zwang leben und auch genießen können!

An dieser Stelle möchte ich meiner Familie (Claudia, meinem Sohn William Wolfgang, meiner Tochter Cassandra Claudia) sowie meiner Mutter Sonja von ganzem Herzen danken, da sie mich in meinem Tun immer unterstützt haben und auch in schwierigen Zeiten nicht von meiner Seite gewichen sind. Ohne sie wäre wesentlich mehr Zeit als nur zwei Monate vom Entschluss, dieses Buch zu schreiben, bis zum jetzigen Zeitpunkt, an dem ich das Schlusswort schreibe, vergangen! Sie geben mir Kraft und Halt, damit ich unserer Familie eine schöne Zukunft bereiten kann, indem ich daran arbeite, in allen Belangen unabhängig zu werden, um wieder frei leben zu können und vor allem das Leben, den „Himmel", der sich „Erde" nennt, genießen zu können und Zeit für die wirklich wichtigen Dinge zu haben.

Des Weiteren gebührt auch meinem besten Freund Richard mein Dank, denn er war mir in den letzten zehn Jahren, in denen wir uns kennen, immer ein guter Freund und ich kann mich an keinen Zeitpunkt erinnern, zu dem er mir nicht, so gut es ihm möglich war, zur Seite stand und mich auch immer unterstützte!

Wenn ich dieses Buch jemandem widmen müsste, wären es die oben Genannten, denn ohne die Hilfe derer wäre ich nicht in der Lage gewesen, die Erfahrungen und Kenntnisse zu sammeln, die notwendig waren, um dieses Buch nicht nur zu schreiben, sondern auch zu leben. Dafür gebührt ihnen mein aufrichtiger Dank. Und ich hoffe, dass ich mit diesem Werk Richard und auch Sie inspirieren konnte, noch mehr aus sich, Ihren Fertigkeiten und Ihrem Leben zu machen.

Das Leben ist ein wunderbares Geschenk, das uns zuteilwurde, um zu reifen, damit wir verstehen lernen, was das Leben so schön macht.

Nehmen Sie es an!

Der Autor

Wolfgang Hochmayr wurde 1981 in Steyr, Oberösterreich, geboren. Nach der Schulzeit verpflichtete er sich zunächst beim Bundesheer. Danach absolvierte er Weiterbildungslehrgänge, Kurse und Seminare in den Bereichen Projektmanagement, Buchhaltung, EDV und BWL.

Nach einigen Jahren in der Selbstständigkeit für einen großen Finanzkonzern und Inhaber eines Geschäftes für Outdoor und Expeditionsequipment ist er aktuell im Bereich Public Relations für einen international angesiedelten Industriekonzern tätig. Seine wahre Berufung ist es allerdings, seine Mitmenschen mit Rat und Tat bei ihrer geistigen Entwicklung zu unterstützen.

novum VERLAG FÜR NEUAUTOREN

Der Verlag

„Semper Reformandum", der unaufhörliche Zwang sich zu erneuern begleitet die novum publishing gmbh seit Gründung im Jahr 1997. Der Name steht für etwas Einzigartiges, bisher noch nie da Gewesenes.
Im abwechslungsreichen Verlagsprogramm finden sich Bücher, die alle Mitarbeiter des Verlages sowie den Verleger persönlich begeistern, ein breites Spektrum der aktuellen Literaturszene abbilden und in den Ländern Deutschland, Österreich und der Schweiz publiziert werden.
Dabei konzentriert sich der mehrfach prämierte Verlag speziell auf die Gruppe der Erstautoren und gilt als Entdecker und Förderer literarischer Neulinge.

Neue Manuskripte sind jederzeit herzlich willkommen!

novum publishing gmbh
Rathausgasse 73 · A-7311 Neckenmarkt
Tel: +43 2610 431 11 · Fax: +43 2610 431 11 28
Internet: office@novumverlag.com · www.novumverlag.com

novum VERLAG FÜR NEUAUTOREN

Bewerten
Sie dieses Buch
auf unserer
Homepage!

www.novumverlag.com